Fabian Heidenstecker

Mobile CRM - Möglichkeiten der Nutzung mobiler Technologien im Bereich des Customer Relationship Managements

GRIN Verlag

Bibliografische Information der Deutschen Nationalbibliothek:

Die Deutsche Bibliothek verzeichnet diese Publikation in der Deutschen National-bibliografie; detaillierte bibliografische Daten sind im Internet über http://dnb.d-nb.de/ abrufbar.

Impressum:

Copyright © 2011 GRIN Verlag GmbH
Druck und Bindung: Books on Demand GmbH, Norderstedt Germany
ISBN: 978-3-640-91002-1

Dieses Buch bei GRIN:

http://www.grin.com/de/e-book/171616/mobile-crm-moeglichkeiten-der-nutzung-mobiler-technologien-im-bereich

GRIN - Your knowledge has value

Der GRIN Verlag publiziert seit 1998 wissenschaftliche Arbeiten von Studenten, Hochschullehrern und anderen Akademikern als eBook und gedrucktes Buch. Die Verlagswebsite www.grin.com ist die ideale Plattform zur Veröffentlichung von Hausarbeiten, Abschlussarbeiten, wissenschaftlichen Aufsätzen, Dissertationen und Fachbüchern.

Besuchen Sie uns im Internet:

http://www.grin.com/

http://www.facebook.com/grincom

http://www.twitter.com/grin_com

FOM – Hochschule für Oekonomie und Management

Studiengang Wirtschaftsinformatik

Abschlussarbeit

Mobile CRM

Möglichkeiten der Nutzung mobiler Technologien im Bereich des Customer Relationship Managements

Angestrebter Abschluss:

Bachelor of Science (B.Sc.)

vorgelegt von:

Fabian Heidenstecker

7. Semester

Abgabedatum

Essen, 14.02.2011

Ehrenwörtliche Erklärung

Hiermit versichere ich, dass die vorliegende Arbeit von mir selbstständig und ohne unerlaubte Hilfe angefertigt worden ist, insbesondere dass ich alle Stellen, die wörtlich oder annähernd wörtlich aus Veröffentlichungen entnommen sind, durch Zitate als solche gekennzeichnet habe. Ich versichere auch, dass die von mir eingereichte schriftliche Version mit der digitalen Version übereinstimmt. Weiterhin erkläre ich, dass die Arbeit in gleicher oder ähnlicher Form noch keiner anderen Prüfungsbehörde vorgelegen hat. Ich erkläre mich damit nicht einverstanden, dass die Arbeit der Öffentlichkeit zugänglich gemacht wird. Ich erkläre mich damit einverstanden, dass die Digitalversion dieser Arbeit zwecks Plagiatsprüfung auf die Server externer Anbieter hoch geladen werden darf. Die Plagiatsprüfung stellt keine Zurverfügungstellung für die Öffentlichkeit dar.

Oberhausen, den 14.02.2011

_____

(Fabian Heidenstecker)

Inhaltsverzeichnis

Abbildungsverzeichnis

Tabellenverzeichnis

Abkürzungsverzeichnis

Abkürzung	Bedeutung
BW	Business Warehouse
CRM	Customer Relationship Management
DMS	Document Management Systems
ECM	Enterprise Content Management
EDGE	Enhanced Data Rates for GSM Evolution
ERP	Enterprise Ressource Planing
GPS	Globale Positioning System
GSM	Global System for Mobile Communication
GSM	General Packet Radio Service
IEEE	Institute of Electrical and Electronical Engineers
LAMP	Linux Apache MySQL PHP
MANET	Mobile Ad hoc Networks
NFC	Near Field Communication
OLAP	On-Line Analytical Processing
PIN	Personal Identification Number
PPS	Precise Positioning Service
RIM	Research in Motion
SAAS	Software as a Service
SDK	Software Development Kit
SDM	Space Division Multiplex
SPS	Standard Positioning Service
UMTS	Universal Mobile Communication System
UTRAN	UMTS Terestrial Radio Access Network
WEP	Wired Equivalent Privacy
WIMAX	Worldwide Interoperability for Microwave Access
WLAN	Wireless Local Area Network
WPA	Wireless Fideltiy Protected Access

1 Einleitung

In diesem Hauptkapitel wird die Motivation für die Bearbeitung dieses Themas und die damit verbundenen Problemstellungen erläutert. Der anschließende Teil beschreibt den strukturellen Aufbau der Arbeit und skizziert den Inhalt der einzelnen Kapitel. Darauf aufbauend wird die Zielsetzung der Arbeit definiert und es erfolgt eine Abgrenzung.

1.1 Motivation

Das CRM (Customer Relationship Management) hat in den letzten Jahren weitläufig Einzug in die Unternehmen gefunden. Der zugrundeliegende Managementansatz beruht auf der Prämisse, langfristige Beziehungen zu den Kunden aufzubauen, statt auf transaktionale Geschäftsbeziehungen zu setzen. Neben der Ausrichtung des Unternehmens auf diesen Ansatz durch das Management können IT-Systeme bei der Umsetzung unterstützen.

Auf dem Markt bieten zahlreiche Hersteller CRM Systeme an. Die Marktdurchdringung ist in diesem Bereich hoch und die Software in der Regel ausgereift.

Seitdem CRM Systeme in Unternehmen eingeführt wurden, gab es die Anforderung von Teilen des Unternehmens, die Lösung auch mobil Nutzen zu können, um die Prozesse des Unternehmens zu unterstützen. Erste Lösungen basierten dabei auf Nutzung von Laptops unter Verwendung von Replikationsmechanismen, da noch nicht genügend Bandbreite bei der drahtlosen Datenübertragung zur Verfügung stand. Durch die fortschreitende Entwicklung im Feld der mobilen Datenübertragung sind neue Lösungsoptionen gegeben.

Außerdem gab es eine rasante Entwicklung im Bereich der mobilen Endgeräte. Diese sind kleiner, leistungsfähiger und zuverlässiger geworden als je zuvor. Endgeräte wie das BlackBerry von RIM haben längst den Einzug in den Unternehmensalltag gehalten.

Daher ist es aus Unternehmenssicht möglich, den technischen Fortschritt in diesen Bereichen für sich zu nutzen, und mit Mobile CRM die Prozesse des Kundenbeziehungsmanagements zu unterstützen.

Auf der anderen Seite hat es im Bereich der Endkunden ebenfalls Veränderungen gegebenen. Das Mobiltelefon ist zu einem Alltagsgegenstand geworden und der Verkauf von Smartphones wie dem IPhone boomt. Dadurch bekommen Unternehmen die Chance, die Kunden auf diesen neuen Kanälen anzusprechen. Auch in diesem Bereich liegen die Potentiale des mobilen CRMs.

1.2 Aufbau der Arbeit

Nach der Einleitung in Hauptkapitel 1 werden in Hauptkapitel 2 die Grundlagen der Arbeit gelegt. Das Hauptkapitel unterteilt sich in drei Kapitel, in denen die Grundbegriffe zu den

Bereichen Mobile Computing, CRM und Mobile CRM geklärt bzw. definiert werden. Dazu werden für das Mobile Computing die mobilen Mehrwertwerte erläutert und neben den Übertragungstechniken mobile Endgeräte beschrieben. Für das CRM wird der Managementansatz an sich, sowie grundlegende Konzepte erläutert. Anschließend werden die Dimensionen des CRMs beschrieben und verschiedene IT-Systeme vorgestellt und verglichen. Darauf aufbauend wird der Begriff des Mobile CRM definiert und die Potentiale für das Unternehmen aufgezeigt. In Hauptkapitel 3 werden die gewonnen Erkenntnisse auf konkrete Szenarien angewendet und Lösungsmöglichkeiten vorgestellt, mit denen sich die in Hauptkapitel 2 beschriebenen Mehrwerte und Potentiale angewendet werden. Eine zusammenfassende Übersicht schließt dieses Kapitel ab. Im Hauptkapitel 4 werden ausgewählte Anforderungen im Rahmen einer Fallstudie in einem CRM System umgesetzt. Hauptkapitel 5 beschäftigt sich mit den Risiken und geeigneten Gegenmaßnahmen, während in Hauptkapitel 6 ein Ausblick auf die Zukunft gegeben wird. In Hauptkapitel 7 wird ein Fazit gezogen.

1.3 Zielsetzung

Zielsetzung dieser Ausarbeitung ist es zum einen, die theoretischen Grundlagen des Mobile CRM darzustellen. Eine Nutzwertanalyse soll einen vergleichenden Überblick über drei CRM Systeme geben. Die erarbeiteten Grundlagen sollen auf praxisnahe Szenarien angewendet werden, wobei für die konkreten Lösungen das Potential für Unternehmen sowie die mobilen Mehrwerte bestimmt werden sollen. In einer Fallstudie soll die Umsetzbarkeit des mobilen CRM anhand beispielhafter Anforderungen anhand des CRM Systems SugarCRM untersucht und anschließend bewertet werden. Am Ende der Ausarbeitung sollen die gewonnen Erkenntnisse in kompakter Form gegenübergestellt werden.

1.4 Abgrenzung

Diese Ausarbeitung beschäftigt sich mit der Umsetzung des Mobile CRM auf Smartphones und Tabletts. Lösungen für andere Endgeräte werden nicht betrachtet. Diese Ausarbeitung bietet lediglich einen groben Überblick über die Themen im Mobile CRM und ist kein Leitfaden zur Implementierung. Diese Ausarbeitung ist keine technische Beschreibung einer Mobile CRM Lösung.

2 Grundlagen

Dieses Hauptkapitel beschreibt die Grundlagen im Bereich Mobile Computing, CRM und Mobile CRM. Es ist die Basis für die nachfolgenden Kapitel.

2.1 Mobile Computing

Grundlage des mobilen CRM bildet das Mobile Computing. Dieses umfasst in seiner Ausprägung die technologische Komponente wie z.B. diverse Übertragungstechniken und die Verwendung mobiler Endgeräte mit unterschiedlichen technischen Eigenschaften. Zunächst sollen jedoch nach der Festlegung einiger Definitionen die mobilen Mehrwerte erläutert werden.

2.1.1   Definition

Der aus dem Englischen stammende Begriff *mobile* lässt sich im deutschen mit *mobil* übersetzen, welches sich vom lateinisch *mobilitas* ableitet und für Bewegung oder Beweglichkeit steht.

In der Literatur ist der Begriff Mobile Computing nicht eindeutig definiert. In diesem Bereich existieren verschiedenste Begrifflichkeiten, die teilweise synonym verwendet werden bzw. werden ähnliche Bedeutungen unterstellt. Grundsätzlich lässt sich der Begriff Mobile Computing als Sammelbegriff für verschiedene Bezeichnungen verstehen, die sich in zwei Gruppen aufteilen lassen. Zum einen die Begriffe, die aus Sicht des Anwenders anzuwenden sind und zum anderen die Begriffe, welche die Vernetzung der beteiligten Rechner, unabhängig von einer konkreten Anwendung, beschreiben[1].

Die Anwendersicht beinhaltet unter anderem:

Allgegenwärtigkeit / Durchdringung

Ubiquitous Computing ist ein Schlüsselbegriff im Umfeld von Mobile Computing. Der englische Begriff *ubiquitous* steht dabei für *allgegenwärtig* bzw. *überall zu finden*. Eingeführt wurde er 1991 in einem Artikel von Mark Weiser. Weiser unterteilt die Computernutzung in drei Phasen. Die erste Phase war die der Mainframes, in der die Computer noch teuer und selten waren. Die zweite Phase, die des Personal Computers war gekennzeichnet durch ein persönlicheres Verhältnis von Mensch und Maschine. Die dritte Phase schließlich ist das Ubiquitous Computing, welches geprägt ist durch die weltweit vernetzten Systeme, die entweder stationär oder mobil genutzt werden. Damit einhergehend ist auch die voranschreitende Miniaturisierung der Endgeräte. Auf diese Weise werden Computer Teil

---

[1] Vgl. Roth (2005), Seite 5

des alltäglichen Lebens[2].

Nomadic Computing

Dieser Begriff unterstreicht den Aspekt der Mobilität der Anwender und Endgeräte. Hierbei steht insbesondere die drahtlose Kommunikation der mobilen Clients im Mittelpunkt[3].

Personal Computing

Im Bereich der mobilen Endgeräte wird der persönliche Bezug als viel stärker betrachtet als im Kontext von konventionellen Rechnern. Diese Betrachtungsweise ist damit begründet, dass auf mobilen Endgeräten verstärkt Daten mit stärkerem persönlicherem Bezug gespeichert werden, wie z.B. Adressbücher oder persönliche Termine[4].

Tragbare Computer

Unter dem Oberbegriff des tragbaren Computers können verschiedene Begriffe, die die physische Mobilität der Endgeräte beschreiben, zusammengefasst werden. Unter der physischen Mobilität versteht man in erster Linie die Transportierbarkeit durch den Menschen, welche sich in den Begriffen Palm bzw. Handheld Computing widerspiegelt. Dies bedeutet, dass der Computer in der Hand des Benutzers Platz findet[5].

Aus Sicht der Netzwerke umfasst das Mobile Computing folgende Aspekte:

Ad-hoc und mobile Vernetzung

Diese Art der Vernetzung folgt der Idee, dass Netze dynamisch und ohne hohen administrativen Aufwand durch die Benutzer gebildet werden können. Dabei muss nicht zwangsläufig auf komplexe Infrastruktur zurückgegriffen werden. In diesem Zusammenhang findet man in der Literatur die Bezeichnung *MANET* (*Mobile Ad hoc Networks*). Durch die spontane Vernetzung soll ein möglichst problemloser Datenaustausch zwischen den Teilnehmern gewährleistet werden[6]. Streng genommen steht die ad hoc Vernetzung also für ein Netzwerk, welches aus mobilen Endgeräten gebildet wird. In der Praxis ist dieser Begriff jedoch auch gebräuchlich wenn mobile Endgeräte über Infrastrukturkomponenten mit Weiterverkehrsnetzen wie dem Internet verbunden werden sollen.[7].

Mobile Communication

Mobile Communication betont die Bedeutung der mobilen Kommunikation im Rahmen des Mobile Computing. Grundsätzlich kann der Begriff in die kabelgebundene und kabellose Kommunikation aufgeteilt werden. Kabellose Kommunikation bezeichnet den

---

[2] Vgl. Weiser (1991), Seite 104 ff
[3] Vgl. Mutschler et al. (2004), S. 19
[4] Vgl. Roth (2005), S. 5
[5] Vgl. ebd.
[6] Vgl. Seitz et al. (2006), S. 239
[7] Vgl. Roth (2005), S. 6

leiterungebundenen Datenaustausch zwischen ortsveränderlichen Kommunikations-partnern[8] und wird häufig synonym zu dem Begriff der mobilen Kommunikation verwand.

Die mobile Kommunikation nach verschiedenen Typen unterschieden werden

Endgerätmobilität	Bezeichnet die räumliche Beweglichkeit von portablen Endgeräten. Klassisches Beispiel ist das Mobiltelefon. Damit die Mobilität gewährleistet bleibt, muss die Funkverbindung zwischen den Sendestationen weitergereicht werden. Dieser Vorgang wird als Handover bezeichnet.
Personenmobilität	Dem Benutzer ist es möglich, seine Kommunikation auf verschiedenen Endgeräten und in verschiedenen Netzen zu betreiben. Dazu ist jedoch eine Identifizierung des Nutzers notwendig.
Dienstmobilität	Bei diesem Begriff steht die Nutzung von Diensten, unabhängig von Endgeräte und Netz im Mittelpunkt.
Sitzungsmobilität	Dieser Begriff definiert sich durch die Sitzung als temporäre Beziehung zwischen verteilten Dienstkomponenten, welche Ressourcen zweckgebunden bündeln. Unterbrechung und Reaktivierung von Sitzungen sind dabei entweder zu bestimmten Synchronisationspunkten oder zu jedem Zeitpunkt möglich

Tabelle 1 Typen der Mobilität[9]

Zusammenfassend lässt sich festhalten, dass der Begriff Mobile Computing ein Sammelbegriff für verschiedene Aspekte ist, wie sie sich zum einem dem Benutzer erschließen, zum anderen aus Sicht der Vernetzung Anwendung finden. Dabei sind die Begriffe der Mobilität, also der Beweglichkeit, der Allgegenwärtigkeit und der Kommunikation von entscheidender Bedeutung.

2.1.2   Mobile Mehrwerte

Der Erfolg eines elektronischen bzw. mobilen Angebots tritt nicht zwangsläufig automatisch und nur auf Grundlage der Bereitstellung einer Technologie ein. Vielmehr muss für den Nutzer ein Mehrwert gegenüber konventionellen Angeboten erkennbar sein. Eine Grundlegende Bewertungstheorie für Geschäftsmodelle ist die Theorie der Informationellen Mehrwerte, welche acht Arten von Mehrwerten umfasst.[10]. Elektronische und mobile Mehrwerte erweitern diesen Ansatz, führen schließlich beim Nutzer aber wieder zum Informationellen Mehrwert. Die elektronischen Mehrwerte bestehen dabei aus:

- Reduktion zeitlicher und gewisser räumlicher Einschränkungen
- Multimedialität und Interaktion
- Gleichartigkeit des Zugangs
- Reduktion technischer Einschränkungen

---

[8] Vgl. Häckelmann et al. (2000), S. 323

[9] Vgl. Hess et al. (2008),S. 96 ff und Roth (2005), S.7

[10] 1. Mehrwert mit Effizienzsteigerung 2. Mehrwert mit Effektivitätssteigerung 3. Ästhetisch-Emotionaler Mehrwert 4. Flexibler Mehrwert 5. Organisatorischer Mehrwert 6. Innovativer Mehrwert 7. Strategischer Mehrwert 8. Makroökonomischer Mehrwert, Vgl. Turowski et al. (2004),S. 150

Diese elektronischen Mehrwerte werden durch die mobilen Mehrwerte noch erweitert. Anzumerken ist, dass ein Angebot nicht darauf abzielen muss, alle mobilen Mehrwerte zu erreichen, es sollte jedoch zumindest ein mobiler Mehrwert durch das Angebot gestiftet werden[11].

2.1.2.1 Ubiquität

Die Allgegenwärtigkeit bildet den bedeutendsten der mobilen Mehrwerte. Er umfasst die Ortsunabhängigkeit, welche durch den Einsatz mobiler Kommunikationssysteme erreicht wird. Dabei lässt sich der Mehrwert zwei Profiteuren zuordnen. Aus Sicht des Nutzers bedeutet es, dass mobile Angebote jederzeit und an jedem Ort verfügbar sind. Dadurch erhöht sich die Reaktionsgeschwindigkeit für den Nutzer und es wird eine Steigerung des Komforts erreicht. Ein Beispiel aus Kundensicht wäre das mobile Banking, welches die räumliche Beschränkung wie im Falle des Internet Bankings nicht nur reduziert, sondern darüber hinaus diese Beschränkung völlig aufhebt.

Der andere Profiteur ist der Anbieter von mobilen Angeboten. Zum einen bedeutet die Ortsunabhängigkeit der Nutzer aus seiner Sicht die Erreichbarkeit der Kunden über mobile Endgeräte. Die Kunden bilden daher eine Zielgruppe, welche aufgrund der Verbreitung von Mobilfunkgeräten erreicht werden kann, und zwar vollständig[12]. Nach Angaben des Branchenverbandes BITKOM gab es im Jahr 2010 110 Millionen Mobilfunkverträge in Deutschland, damit wäre jeder Bürger sogar mehrfach erreichbar[13].

Zum anderen profitieren die Anbieter von mobilen Angeboten von der Erreichbarkeit des Einzelnen zu jedem Zeitpunkt. Ständige Erreichbarkeit gilt in der heutigen Gesellschaft längst als soziale Anforderung. Dabei sind mobile Endgeräte emotional immer noch positiv besetzt, und rufen Assoziationen wie Modernität hervor. Aufgrund des Prestigeeffekts ist der Besitz von mobilen Endgeräten Vorrausetzung für soziale Akzeptanz innerhalb gewisser Gruppen[14]. Ein weiterer Aspekt der Allgegenwärtigkeit ist die sofortige Verfügbarkeit für den Nutzer. Dies spielt vor allen Dingen in der Praxis eine Rolle und kommt vor allem bei Mobiltelefonen und Smartphones zum Tragen. In der Regel besteht eine dauerhafte Verbindung zu Netzwerken und das Gerät ist immer eingeschaltet (always on). Eine Verzögerung aufgrund eines Boot Vorgangs, wie z.B. bei PCs oder Notebooks, entfällt[15].

2.1.2.2 Kontextsensitivität

Die Kontextsensitivität bezeichnet einen weiteren mobilen Mehrwert „[...]und damit die

---

[11] Vgl. Turowski et al. (2004), S. 149 ff
[12] Vgl. Turowski et al. (2004), S. 158
[13] Vgl. Bitkom (2010)
[14] Vgl. Turowski et al. (2004), S. 158
[15] Vgl. Lehner (2003), S. 13

Möglichkeit, ein mobiles Angebot maßgeschneidert auf die Präferenzen und Bedürfnisse des Nutzers in seiner derzeitigen, konkreten Situation auszurichten.[16]".Dabei kann der Kontext des Benutzers einen oder mehrere Aspekte umfassen. Der erste Aspekt ist der Ortsbezug des Nutzers. Damit kann zum einen die Ortsbestimmung des Nutzers gemeint sein, oder auch die Ortsbestimmung des Nutzers in Bezug zu anderen Nutzern oder Objekten. Die Bereitstellung von Diensten mit Ortsbezug wird als Location Based Services bezeichnet. Typische Location Based Services wären z.B. ortbezogene Informationsdienste, die Informationen über den aktuellen Ort, wie z.B. lokale Wettervorhersagen, bereitstellen. Ein weiteres Beispiel wären Points of Interest, also z.B. Restaurants oder Hotels in der Nähe des Nutzers. Ein Beispiel bezogen auf die Ermittlung der Position anderer Nutzer wären Suchdienste für Freunde[17]. Google bietet einen solchen Suchdienst, mit ihm lässt sich auf einer Karte die Position aller am Dienst teilnehmenden und mit dem Benutzer vernetzten Freunde anzeigen[18]. Weitere Location Based Services sind, z.B. Tracking Dienste für Fahrzeuge, Assistenzdienste oder Trigger Dienste, die z.B. an einem bestimmten Ort ausgelöst werden.

Neben dem lokalen Bezug existieren noch weitere Kontexte, wie z.B. der zeitliche Kontext[19]. Ein Anwendungsfall wäre das Stummschalten des mobilen Endgeräts zu einer bestimmten Uhrzeit. Eine neuere Technik im Bereich der kontextsensitiven Mehrwerte ist das Augmented Reality. Darunter versteht man die Verknüpfung realen Raumes, welcher z.B. über die Kamera des mobilen Endgeräts angezeigt wird, mit computergenerierten Objekten, wie z.B. digitalen Informationen, die in die Bildwiedergabe eingeblendet werden[20].

2.1.2.3   Identifizierungsfunktion

Die Identifizierungsfunktion bildet einen weiteren der mobilen Mehrwerte. Damit ein Nutzer an der mobilen Kommunikation in einem Mobilnetz überhaupt teilnehmen kann, muss er sich mittels einer PIN (*Personal Identification Number*) an seinem Endgerät identifizieren[21]. In der Regel besteht zwischen mobilen Endgeräten und Benutzern eine 1:1 Zuordnung. Im Gegensatz dazu können PCs in der Regel von mehreren Personen genutzt werden, im privaten Bereich ist oftmals kein Login nötig. Die Authentifizierung via PIN und damit der Umstand, dass das Gerät eingeschaltet und im Netz eingebucht ist, genügt vielen Anwendungen bereits als Authentifizierungs- bzw. Identifizierungsmerkmal[22].Darüber

---

[16] Turowski et al. (2004), S. 158
[17] Vgl. Roth (2005), S. 272
[18] Vgl. Google (2010)
[19] Vgl. Silberer et. al (2002), S. 100
[20] Vgl. Reggert et al. (2010), S. 22
[21] Vgl. Werner (2010), S. 301
[22] Vgl. Turowski et al. (2004), S. 158 ff

hinaus ist es heute bei Smartphones möglich, Verknüpfungen zu Profilen sozialer Netzwerke zu hinterlegen, was wiederum eine Identifizierung ermöglicht.[23].

Die Identifizierung bildet die Grundlage für die Personalisierung. In diesem Zusammenhang kann für den Nutzer im Bereich der mobilen Datenverarbeitung ebenfalls ein Mehrwert geschaffen werden, da er sich die Dienste nach individuellen Präferenzen zusammenstellen kann[24].

2.1.2.4 Telemetriefunktion

Den vierten mobilen Mehrwert nach Turowski et al. bildet die Telemetriefunktion. Im Allgemeinen versteht man unter Telemetrie den Datentausch zwischen Maschinen. Dieser Datentausch kann eine Messwertübermittlung, Fernüberwachung oder Fernsteuerung zum Zweck haben[25]. Damit wird das mobile Endgerät zu einer Kommandozentrale zur Überwachung und Bedienung von Anwendungen oder auch elektronischen Geräten aller Art. Vom Mehrwert, der sich aus dieser Telemetriefunktion ergibt, kann zum einen der Endnutzer profitieren. Durch die ortsunabhängigen Bedienmöglichkeiten kann er z.B. Funktionen seines Hauses, wie beispielsweise die Heizungsanlage, fernsteuern. Zum anderen profitieren von diesem mobilen Mehrwert auch die Unternehmen, z.B. durch die Übermittlung von Betriebsdaten, was die Reaktions- und Stillstandszeiten verkürzen, und kann somit beispielweise zu einer Vermeidung von starren Wartungszeiten führen[26].

Telemetrie ist dabei ein Teilgebiet der Telematik. Der Begriff der Telematik ist ein Kunstwort aus Telekommunikation und Informatik und bezeichnet ein Teilgebiet der Informatik[27].

2.1.3 Mobile Technologien

Mobiles CRM basiert auf der mobilen Technologie. Daher sollen im folgenden Unterkapitel die technologischen Grundlagen erläutert werden.

2.1.3.1 Übertragungstechniken

Wie bereits behandelt, ist die mobile Kommunikation ein Kernbereich des Mobile Computing. Sie bildet auch einen essentiellen Bestandteil des Mobile CRM. Daher sollen in diesem Abschnitt die Grundlagen der mobilen drahtlosen Kommunikation, erläutert werden. Die Evolution des Mobilfunks lässt sich anhand von Generationen der voranschreitenden Mobilfunktechnologie beschreiben. Die erste Generation von öffentlichen Mobilnetzen bildeten dabei in Deutschland das A-, B- und C-Netz. Diese beruhten auf analoger Technik. Im C-Netz wurde jedoch bereits die digitale Signalisierung eingeführt. Diese Netze wurden von 1958-2000 betrieben[28].

---

[23] Vgl. HTC (2011 a)
[24] Vgl. Wirtz (2001), Seite 63
[25] Vgl. Böcker et al. (2001), S. 219
[26] Vgl. Turowski et al. (2004), S. 185
[27] Vgl. Tully et al. (2006), S. 161

2.1.3.1.1   2G

Bei Netzen der zweiten Generation wird die digitale Übertragungstechnik verwendet. Der weltweit dominierende Standard ist dabei GSM (*Global System for Mobile Communication*) Dieser Standard findet vor allem in Europa Verwendung. Der GSM Standard wird in seiner Ausprägung nach den verwendeten Frequenzbereichen 900 MHz ,1800 MHz oder 1900 MHz unterteilt. In Deutschland ist sowohl der Standard GSM 900 (D-Netz) verbreitet, als auch der weiterentwickelte Standard GSM 1800 (E-Netz 1994). GSM 1900 wird vor allem in den USA und Kanada eingesetzt[29].Im Jahr 2010 gab es weltweit ca. 4,4 Milliarden Mobilfunkverträge in GSM-Netzen, was einem Marktanteil von 90 % entspricht[30] [31].

Ein Mobilfunknetz hat den Anspruch, einen höchstmöglichen Grad der Flächenabdeckung zu erreichen. Damit sind jedoch einige Probleme verbunden, z.B. kann die Beschaffenheit des Geländes eine gleichmäßige Netzabdeckung verhindern. Grundsätzlich ist das zur Verfügung stehende Frequenzspektrum für die Betreiber von Netzen eine knappe Ressource, welche man versucht, durch die Anwendung unterschiedlicher Verfahren möglichst effizient zu nutzen. Dabei wird versucht eine Mehrfachnutzung des Funkspektrums zu erreichen[32].

- **RAUMMULTIPLEX**

„Raummultiplex bzw. SDM (Space Division Multiplex) realisiert die Mehrfachnutzung der Funkressource, indem dieselbe Frequenz in unterschiedlichen räumlichen Bereichen des Netzes unabhängig genutzt wird. Dazu wird das Zugangsnetz in Funkzellen aufgeteilt, mehrere zusammenhängende Funkzellen werden als Cluster bezeichnet. Wichtig bei diesem Verfahren ist, dass aneinandergrenzende Funkzellen nicht die gleichen Frequenzen nutzen, um Interferenzen zu vermeiden[33].

- **FREQUENZMULITPLEX**

Die Mehrfachnutzung von Funkressourcen erreicht, indem die verschiedenen Nutzer nur einen Teilbereich der Frequenz zugewiesen bekommen. Man spricht in diesem Zusammenhang von Frequenzbändern. Dabei werden unterschiedliche Frequenzbereiche für die Kommunikation vom mobilen Endgerät zur Basisstation (uplink) und von der Basisstation zum mobilen Endgerät (downlink) verwendet[34].

- **ZEITMULTIPLEX**

---

[28] Vgl. Seitz et al. (2006), S. 224
[29] Vgl. Turowski et al. (2004), S. 10 ff
[30] Vgl. GSA (2011)
[31] Aus diesem Grund bezieht sich die folgende Betrachtung ausschließlich auf den Standard GSM.
[32] Vgl. Turowski et al. (2004), Seite 13
[33] Vgl. Turowski et al. (2004), S. 14
[34] Vgl. Turowski et al. (2004), S. 16 ff

Im Zeitmultiplexverfahren wird dieselbe Frequenz von unterschiedlichen Nutzern zyklisch genutzt. Jeder Sender erhält dabei einen eigenen Zeitschlitz (slot). Dieses Verfahren wird als Time Division Duplex bezeichnet. Im GSM Standard werden die einzelnen Kanäle auf 8 Slots verteilt, ein Slot hat die Dauer von 0,577 ms. Diese Dauer wird auch als *Burst Period* bezeichnet[35].

- **CODEMULTIPLEX**

Das Codemultiplexing ist ein Verfahren zur überlagernden Nutzung der gleichen Frequenz durch verschiede Nutzer[36].

Es wird realisiert, indem das Signal durch eine bestimmt Codierungsvorschrift auf ein breitbandiges Signal gespreizt wird. Da dem Empfänger die Codierungsvorschrift bekannt ist, kann er das breitbandige Signal wieder reduzieren[37].

ZWISCHENSCHRITTE ZUR NÄCHSTEN GENERATION

Bevor mit UMTS ein Netz der dritten Generation realisiert werden konnte, wurde ein Zwischenschritt in der Entwicklung der Mobilfunknetze eingelegt. Grundlage dafür war zum einen die Einführung der paketorientierten Datenvermittlung[38].

Der Unterschied zwischen der paketorientierten bzw. verbindungsorientierten Datenübertragung ist in Tabelle 2 dargestellt:

Verbindungsorientiert	Paketorientiert
Es wird eine Punkt-zu-Punkt Verbindung aufgebaut	Pakete finden Weg durch das Netz
Der Verbindungsaufbau ist zeitintensiv	Verwaltung der Paketreihenfolge
Die Abrechnung erfolgt nach Zeit	Volumenbezogene Abrechnung
Die Auslastung beträgt ca. 30 % bei Sprach- und 10 % bei Datenübertragung	Dynamische Aufteilung der Netzkapazität
Verbindung bleibt geschaltet, unabhängig von der Auslastung	Realisierung des „always on" Szenarios mit geringerer Netzauslastung

Tabelle 2 Paket- und Verbindungsorientierte Datenübertragung[39]

Der paketorientierte Standard GPRS (*General Packet Radio Service)*, oft auch als 2.5G bezeichnet bildet einen der Zwischenschritte zum Mobilfunknetz der dritten Generation. Er erlaubt eine theoretische Datenrate von 171,2 kBit/s. Zur Realisierung wurde neben dem GSM Netz, welches für die Sprachübertragung optimiert ist, ein zweites parallel geschaltet[40]. GPRS ist seit 2001 in Deutschland verfügbar. Für die Benutzung benötigten die Benutzer neue Endgeräte. Diese werden in verschieden Klassen unterteilt, je nachdem

---

[35] Insgesammt existieren 5 Arten von Bursts, vgl. 341 (2001), S. 156 ff
[36] Codemultiplexing ist eine Schlüsseltechnologie für Netze der dritten Generation, soll aber bereits an dieser Stelle im Rahmen der Behandlung der Verfahren zu Mehrfachnutzung der Funkressource genannt werden.
[37] Vgl. Lehner (2003), S. 22
[38] Vgl. Werner (2010), S. 282
[39] Vgl. Turowski et al. (2004), S. 33 f
[40] Vgl. Werner (2010), S. 280

ob eine gleichzeitige Nutzung von Daten- und Sprachnetz möglich ist, bzw. ob die Betriebsart manuell gewählt werden muss[41].

Ein weiterer Evolutionsschritt in Richtung 3G ist EDGE (*Enhanced Data Rates for GSM Evolution*), in der Literatur auch als 2.75G bezeichnet. Hauptmerkmal ist die gesteigerte Datenrate von theoretisch 473 kBits/s [42].

GSM an sich bietet eine rechnerisch Datenrate von 24,7 kBit/s[43].

2.1.3.1.2   3G

0km

Abbildung 1 Abdeckung UMTS Deutschland[44]

UMTS (*Universal Mobile Communication System*) ist der Mobilfunkstandard der dritten Generation. Er setzt im Wesentlichen auf GPRS auf. Außerdem stellt er mit UTRAN(UMTS Terestrial Radio Access Network) ein vollständig neues Zugangsnetz bereit. Der Einführung von UMTS in Deutschland war eine Auktion der verfügbaren Frequenzen vorausgegangen. Dabei nahm der Staat im Jahr 2000 eine Summe von ca. 50 Mrd. Euro ein. UMTS realisiert eine Datenübertragungsrate von 384 Kbit/s Synchron bzw. von 2Mbit asynchron.

Diese ist abhängig von der Betriebsart, also nach dem Duplexverfahren, also entweder dem Time Division Duplex oder dem Frequency Division Duplex[45].

In der Praxis ist es natürlich entscheidend, inwieweit die Technik durch den Nutzer angewendet werden kann. In Anbetracht der hohen Investitionen durch die Netzbetreiber ist die Abdeckung an der Zahl der Anwohner und nicht an der geografischen Fläche orientiert. Abbildung 4 zeigt, dass die UMTS Abdeckung in Deutschland vor allem auf die bevölkerungsreichen Ballungsräume konzentriert ist. Gleiches gilt für andere europäische Länder, wie z.B. Frankreich. Der Führende Anbieter Orange hatte 2009 einen Abdeckungsgrad bei der Bevölkerung von 87 %, aber eine Flächenabdeckung von nur 47 %.[46] Dies sollte bei Einführung einer mobilen Lösung bedacht werden.

[41] Vgl. Lehner (2003), S. 49
[42] Vgl. Gessler et al. (2009), S. 54
[43] Vgl. Roth (2005), S. 59
[44] Entnommen aus T-Mobile (2010 a)
[45] Vgl. Turowski et al. (2004), S. 41 ff
[46] Vgl. Orange (2010)

2.1.3.1.3 WLAN

WLAN (Wireless Local Area Network) ist eine mobile elektronische Kommunikationstechnik auf lokalere Ebene. WLAN ist besonders gut geeignet, um ein Funknetz in einem eng umgrenzten räumlichen Bereich aufzubauen. Die Reichweite beträgt in Gebäuden ca. 30m und außerhalb von Gebäuden ca. 300m, ist aber stark von den räumlichen Verhältnissen abhängig[47]. WLAN wird häufig als Sammelbegriff für die Spezifikation des amerikanischen Ingenieursverbandes *IEEE (Institute of Electrical and Electronical Engineers*[48]*)* mit der Nummer 802.11 verwendet. Die aus dem Jahr 1997 stammende Spezifikation wurde in hinsichtlich der Übertragungsgeschwindigkeit und dem Ergänzen zusätzlicher Erweiterung wie z.B. Sicherheitsstandards oder auch Korrekturen und Anpassungen, ständig erweitert, wie Tabelle 3 zeigt.

Jahr	Standard	Band	Max Datenrate
1997	802.11	2,4 GHz	2 MBit/s
1999	802.11a	5 GHz	54 MBit/s
1999	802.11b	2,4 GHz	11 MBit/s
2003	802.11g	2,4 GHz	54 MBit/s
2004	802.11i	2,4 GHz	54 MBit/s
2009	802.11n	2,4 GHz	600 MBit/s

Tabelle 3 802.11 Spezifikationen[49]

Ein WLAN Netzwerk nach der Spezifikation 802.11 kann auf zwei verschiedene Arten betrieben werden. Der Infrastrukturmodus erlaubt es den mobilen Nutzern mit einer Station, dem sogenannten Access Point, zu kommunizieren. Häufig dient dieser Access Point als Vermittler mit einem anderen Netz, wie z.B. dem Internet. Der andere Betriebsmodus nach 802.11 ist der ad-hoc Modus, der auch als direkter Modus bezeichnet wird. Er ermöglicht eine Vernetzung der mobilen Stationen untereinander[50].

Der typische Anwendungsfall für ein WLAN Netzwerk sind z.B. der drahtlose Intranetzugang auf einem Firmengelände, oder der drahtlose Internet Zugang. Letzterer wird auch als Hotspot bezeichnet. Für diesen Zugang gibt es verschiedene Abrechnungsmodelle. Er kann kostenlos zur Verfügung gestellt werden, oder über Prepaid- oder Postpaid –Modelle. Oft wird die Anforderung der Credentials via SMS angefordert, die Abrechnung erfolgt dann per Abrechnung des Mobilfunkanbieters[51].

Die Abdeckung mittels Hotspots gewinnt dabei immer mehr an Bedeutung. Sie werden an vielen öffentlichen Orten, wie z.B. Bahnhöfen, Flughäfen, Hotels oder Innenstädten bereitgestellt. Der Mobilfunkanbieter t-mobile verfügt nach eigenen Angaben über ca. 20.000 eigene und ca. 40.000 Hotspots gemeinsam mit Roaming Partnern.

---

[47] Vgl. Turowski et al. (2004), S. 49 ff
[48] Vgl. Nocker (2005), S. 55
[49] Angelehnt an Werner (2010), S. 333
[50] Vgl. Wallbaum et al. (2002), S. 91
[51] Vgl. Turowski et al. (2004), S. 50 f

Die Nutzung von Hotspots ist aber auch mit einigen Risiken behaftet. Um die Gefahren, die daraus resultieren, dass die Daten über die Luftschnittstelle unverschlüsselt übertragen werden, zu vermeiden, kommen Verschlüsselungsverfahren zum Einsatz. Standard ist heute das *WPA-2 (Wireless Fideltiy Protected Access)* Verfahren. Veraltete Verfahren, wie z.B. WEP (*Wired Equivalent Privacy*) gelten als nicht mehr sicher und sollten daher nicht eingesetzt werden[52].

WLAN ist ebenfalls in den mobilen Endgeräten verankert, es ist heute ein Standardbauteil für Smartphones und Laptops.

Im Vergleich zu den bereits beschrieben Verfahren der mobilen Kommunikation bietet WLAN den Nachteil, dass die Reichweite begrenzt und für den Nutzer ein nahtloser Wechsel zwischen den Hotspots nicht möglich ist. Außerdem kommen die in diesem Abschnitt beschriebenen Sicherheitsaspekte zum Tragen[53].

2.1.3.2   Ortung

Um den in Abschnitt 2.1.2.2 beschriebenen Mehrwert der Kontextsensitivität via Location Based Services realisieren zu können, muss die Position des Nutzers ermittelt werden können. Grundsätzlich lassen sich die Verfahren zur Ortsbestimmung in zwei Kategorien unterteilen. Wird ein Gerät über ein Sensorennetzwerk geortet, wird dies als Tracking bezeichnet. Die Ortsinformationen liegen bei diesem Verfahren im ersten Schritt nur bei dem ortsermittelnden System vor und müssen an das mobile Gerät übertragen werden. Ist ein mobiles Endgerät selbst in der Lage, seine Position zu bestimmen, so wird dies als Positioning bezeichnet[54].

2.1.3.2.1   GPS

GPS (*Globale Positioning System*) ist ein satellitengestütztes Ortungssystem, welches sich seit Mitte der 90er Jahre als Standard, vor allem im automobilen Bereich, etabliert hat.

Das ursprünglich für militärische Zwecke der USA entwickelte System, besteht dabei aus 24 Satelliten, die die Erde in einem Abstand von ca. 20.000 km umkreisen[55]. Zur Positionsbestimmung werden zwei Dienste angeboten. PPS (*Precise Positioning Service*) ist der militärischen Nutzung vorbehalten, und ist daher verschlüsselt. Die Genauigkeit der Positionsbestimmung beträgt etwa 0,8-1 m. Der *SPS (Standard Positioning Service)* ist frei zugänglich, und kann kostenlos genutzt werden. Die Genauigkeit des Signals wurde durch das U.S. Militär wird dabei bewusst verfälscht. Anfänglich betrug die Abweichung noch 100 m, jedoch wurde diese Funktion im Jahr 2000 deaktiviert. Damit ist eine Ortsbestimmung

---

[52] Vgl. Swoboda et al. (2008), S. 194 ff
[53] Vgl. Laudon et al. (2009), S. 358
[54] Vgl. Mutschler et al. (2004), S. 47
[55] Vgl. Roth (2005), S. 285 ff

auf ca. 5 m genau möglich[56]. Um die Position zu bestimmen, wird ein Triangulationsverfahren angewendet. Das bedeutet, mindestens das Signal von drei Satelliten wird benötigt um die Position zu bestimmen. Natürlich muss in dem mobilen Gerät ein entsprechender Empfänger verbaut sein. GPS bietet den Vorteil, dass es überall auf der Welt einsetzbar ist und eine hohe Genauigkeit bietet. Der Nachteil ist, dass eine Sichtverbindung zum Satellit bestehen muss[57].

2.1.3.2.2 ALTERNATIVE ORTUNGSVERFAHREN

Neben der Tatsache, dass GPS innerhalb Gebäuden nicht eingesetzt werden kann ist anzumerken dass die Positionsbestimmung via GPS ressourcenintensiv auf dem mobilen Endgerät ist, was sich in einem erhöhten Stromverbrauch niederschlägt. Deshalb ist gegebenenfalls die Nutzung alternativer Ortungsverfahren sinnvoll.

Die trivialste Form der Ortsbestimmung ist die Benutzereingabe, d.h. der Endbenutzer gibt selbst seinen Standort ein. Darüber hinaus können bestehende Netzwerke verwendet werden, um eine Positionsbestimmung vorzunehmen. In einem zellbasierten Netz bietet sich das Verfahren Cell of Origin an, um die Zelle, in der sich der Nutzer befindet, und damit die Position zu ermitteln. Dabei ist die Genauigkeit der Positionsermittlung von der Größe der Zelle abhängig. Zur Positionsbestimmung innerhalb einer Zelle gibt es verschiedene Verfahren, die auf der Messung der Signallaufzeit bzw. Signallaufzeitdifferenzen beruhen[58]. In der Praxis haben sich noch andere Verfahren zu Positionsbestimmung etabliert. Zum einen gibt es Datenbanken, die den Standort anhand von Tabellen ermittelt, in denen zu IP-Ranges die Standorte gespeichert werden. Kommerzielle Anbieter bieten diese Informationen zur Ortsbestimmung an[59]. Daneben gibt es Bestrebungen, Datenbanken mit den Positionen von WLAN Netzen und Hotspots aufzubauen, um diese dann zur Positionsbestimmung Nutzen zu können[60].

Damit stehen für die Ortsbestimmung verschiedene Verfahren zur Verfügung. Um diese für die Entwicklung von Applikationen verfügbar zu machen, wird durch das W3C Konsortium eine API definiert, die es erlaubt, die Position des Nutzers zu bestimmen, unabhängig davon, dass der Entwickler das eingesetzte Verfahren kennt[61].

2.1.4 Mobile Devices

Erst mit einem mobilen Endgerät wird es dem Benutzer überhaupt möglich, Dienste über mobile Netzwerke zu nutzen. Dabei ist die Bandbreite der mobilen Endgeräte breit

---

[56] Vgl. de Lange (2005), S. 218 f
[57] Vgl. Roth (2005), S. 285 ff
[58] Vgl. Turowski et al. (2004), S. 75 ff
[59] Vgl. Digital Element (2011)
[60] Vgl. Open WLAN Map (2011)
[61] Vgl. W3C (2010)

gefächert, von kleinsten Spezialgeräten, wie z.B. Chipkarten, bis hin zu tragbaren Computern, die in Ihrer Leistungsfähigkeit stationären Rechnern in Nichts nachstehen[62].

2.1.4.1 iPhone / iPad

Das iPhone ist ein mobiles Endgerät, welches im Jahr 2007 vorgestellt wurde. Es handelt sich dabei um ein Smartphone. Ein Smartphone vereint die Funktionalitäten eines Personal Digital Assistents, wie z.B. eine Kalenderfunktion, mit den Funktionen eines Mobiltelefons[63]. Das iPhone ist enorm erfolgreich. Alleine im letzten fiskalischen Quartal konnte Apple 14 Millionen Geräte verkaufen[64].

Der Erfolg des iPhones basiert dabei auf mehreren Faktoren. Zum einen verzichtete Apple für das iPhone komplett auf eine physikalische Tastatur, und setzte auf einen Touchscreen, und zwar ohne die Verwendung eines damals üblichen Bedienstiftes. Das machte die Handhabung für den Benutzer sehr leicht. Weiterhin flossen die Erkenntnisse und Erfahrungen von Apple in Bezug auf die Gestaltung von Benutzeroberflächen in die Entwicklung des Gerätes mit ein[65].

Ein weiterer Erfolgsfaktor des iPhones war die Einführung eines Marktplatzes, auf welchem Applikationen[66] für die Nutzer zum Download angeboten werden, dem sogenannten AppStore. Am Anfang wurden nur Applikationen, welche durch Apple entwickelt wurden bereitgestellt, danach öffnete das Unternehmen die Plattform und ermöglichte es so, auch fremden Entwicklern ihre Applikationen über diese Plattform anzubieten. Die Applikationen können mit einem von Apple zur Verfügung gestellten SDK entwickelt werden, und zwar unter Verwendung der Sprache Objective C. Apple unterzieht jede veröffentlichte App einer Qualitätsprüfung und behält sich das Recht vor, Apps wieder aus dem Store zu entfernen, und sogar von den mobilen Endgeräten zu löschen[67]. Für den Benutzer bietet der AppStore die Möglichkeit, den Funktionsumfang seines iPhones individuell nach eigenen Wünschen und Bedürfnissen zu erweitern.

Weiter Faktoren für den Erfolg sind die Vermarktungsstrategie über einen Provider, die Integration in die Apple Landschaft via iTunes sowie die Multimediaeigenschaften[68].

Technisch gesehen ist das iPhone in seiner aktuellen Ausprägung der vierten Generation (IPhone 4G) in der Lage, die in Unterkapitel 2.1.1 beschriebenen Mehrwerte zu realisieren. Es kann via GSM, UMTS oder WLAN mobil kommunizieren, verfügt über ein GPS Modul,

---

[62] Diese Ausarbeitung beschränkt sich auf die Untersuchung von Smartphones und Tablet PCs
[63] Vgl. Roth (2005), S. 394
[64] Vgl. Apple (2010 a)
[65] Vgl. Shuen (2008), S. 121
[66] im Folgendem App
[67] Vgl. Alby (2008), Seite 110 ff
[68] Vgl. Gutberlet (2008), S. 14

eine hochauflösende Kamera und ein hochauflösendes Display[69]. Die aktuelle Version des proprietären Betriebssystem iOS 4.2 erlaubt Multitasking und bietet Stabilität sowie eine hohe Performance.[70].

Das 2010 erschienene iPad, wurde in der Presse auch als „großes IPhone[71]" bezeichnet. Tatsächlich läuft auch auf dem iPad das aktuelle iOS 4.2, und es ist ebenfalls auch in Versionen mit WLAN und UMTS sowie GPS erhältlich. Der Vorteil liegt jedoch in der verbesserten Bedienbarkeit durch das 9,7" Display[72].

2.1.4.2 BlackBerry

BlackBerry ist ein Produkt des Herstellers RIM (Research in Motion), welche 1984 in Ontario gegründet wurde. Die erste Entwicklung des Unternehmens war ein Pager mit dem Nachrichten empfangen und gesendet werden konnten. 2002 wurde dann der erste BlackBerry angeboten[73]. RIM ist zum einen Hersteller von mobilen Endgeräten. Es werden verschiedene Geräte angeboten, z.B. der BlackBerry Storm mit einem Touchscreen, der BlackBerry Pearl mit verkürzter Tastatur oder der BlackBerry Bold mit einer vollwertigen QUERTZ Tastatur, die einen der Erfolgsfaktoren des BlackBerry darstellt, und eine schnelle Texteingabe ermöglicht[74]. Auf den Endgeräten selbst läuft ein proprietäres Betriebssystem, das BlackBerry OS, aktuell in der Version 6. Es ist javabasiert und bietet Entwicklern eine Schnittstelle zur Entwicklung eigener Applikationen. Diese können dann ebenfalls in einem App Store, der BlackBerry AppWorld, angeboten werden[75]. Zum anderen ist RIM ein Technologieanbieter im Enterprise Umfeld. Der BlackBerry gründet seinen Erfolg der Push-Technologie im Bereich Emails. Der Nutzer bekommt seine Emails automatisch auf das Gerät synchronisiert, ohne sie explizit abrufen zu müssen. Außerdem werden z.B. der Kalender und das persönliche Adressbuch mit dem Mail Server abgeglichen. Die Synchronisation funktioniert kabellos unter Verwendung mobiler Kommunikation. Voraussetzung ist jedoch ein BlackBerry Enterprise Server, welcher sich mit gängigen Mailserver Infrastrukturen, wie Microsoft Exchange oder Lotus Domino koppeln lässt[76]. Neben der Push-Technologie stellt der BlackBerry Enterprise Server eine Reihe von Sicherheitsfeatures bereit, die einen weiteren Erfolgsfaktor des BlackBerry darstellen. So ist die Kommunikation verschlüsselt und die Endgeräte lassen sich von zentraler Stelle aus administrieren[77].Die BlackBerry Geräte der aktuellen Generation sind in der Regel ebenfalls

---

[69] Vgl. Apple (2010 b)
[70] Vgl. Apple (2011 a)
[71] Stern (2010)
[72] Vgl. Apple (2010 c)
[73] Vgl. Alby (2008), Seite 107 ff
[74] Vgl. BlackBerry (2011 a)
[75] Vgl. BlackBerry (2011 b)
[76] Vgl. Alby (2008), Seite 107 ff
[77] Vgl. Osterhage (2010), S. f

mit den notwendigen Komponenten, wie z.B. UMTS und GPS Empfänger ausgestattet, und damit in der Lage mobile Mehrwerte zu realisieren

2.1.4.3 Android

Android wurde im Jahr 2007 von der Open Handset Alliance angekündigt. Dieser Allianz gehörten zum Startzeitpunkt 34 Unternehmen an, darunter die Softwarefirma Google, der Mobilfunkbetreiber T-Mobile und der Hardwarehersteller HTC. Ziel von Android ist es, eine übergreifende Softwareplattform für mobile Endgeräte zu schaffen[78].

Diese Softwareplattform basiert auf Linux und stellt neben den reinen Betriebssystemkomponenten auch Bibliotheken und mobile Schlüsselapplikationen bereit, die es Herstellern von mobilen Endgeräten erlauben, ein Endgerät für diese Plattform zu entwickeln. Die Verwendung von Android ist kostenfrei, große Teile der Software sind Open Source. Ähnlich wie bei BlackBerry oder Apple sind auch hier Fremdentwickler in der Lage, eigene Applikationen zu erstellen und auf einer Marktplattform, dem Android Market anzubieten. Die eingesetzte Programmiersprache für die Entwicklung von Applikationen ist ebenfalls Java[79].

Android ist seit seiner Einführung im Jahr 2009 (Version 1.5 Cupcake[80]) rasant gewachsen. Nach einer Gartner Studie beträgt der Marktanteil von Android in den USA bereits ca. 25 %, und liegt damit über dem der Konkurrenten Apple und RIM[81].

Der Erfolg von Android mag darin begründet sein, dass im Gegensatz zur Konkurrenz, mehrere Hardwarehersteller Geräte mit der Android Plattform anbieten. Darunter sind erfolgreiche Hersteller wie z.B. HTC, Motorola, SonyErricson oder Samsung[82]. Alleine das Galaxy von Samsung verkaufte sich bis Ende Oktober schon fünf Millionen Mal[83].

Ein weiterer Erfolgsfaktor der Android Plattform ist sicherlich die Verzahnung mit Google Diensten wie Google Mail oder Google Maps, die die erfolgreichen Angebote für mobile Endgeräte nutzbar machen.

Da es eine Vielzahl verschiedener Anbieter und damit auch Endgeräte gibt, kann nicht pauschal gesagt werden, ob alle Android Nutzer in der Lage sind, von den mobilen Mehrwerten zu profitieren. Die Geräte unterscheiden sich teilweise sehr in der Ausstattung. Einsteigergeräte wie das HTC Tattoo haben leistungsschwächere Prozessoren und eine geringere Bildschirmauflösung[84], Hochleistungsgeräte haben höhere Auflösungen und 1

---

[78] Vgl. Open Handset Alliance (2007)
[79] Vgl. Mosemann et al. (2009), S. 1 ff
[80] Vgl. Android (2010)
[81] Vgl. Gartner (2010)
[82] Vgl. Computerwoche (2010 a)
[83] Vgl. Computerwoche (2010 b)
[84] Vgl. HTC (2011 b)

GHz Prozessoren zu bieten. Manche Geräte, wie z.B. das Motorola Droid2 sind mit ausklappbaren Tastaturen ausgestattet[85].

2.2 CRM

In diesem Kapitel werden die betriebswirtschaftlichen Grundlagen des CRM behandelt, und nach Einführung der vier Dimensionen des CRM die Möglichkeiten zur technischen Umsetzung anhand von CRM Systemen verschiedener Hersteller erläutert.

2.2.1 CRM Grundlagen

Das Konzept des Customer Relationship Management bildet den Kern des mobilen CRM. Dabei kann das Customer Relationship Management aus betriebswirtschaftlichen und technologischen Standpunkten betrachtet werden.

2.2.1.1 Definition CRM

In der Literatur existiert keine eindeutige Definition des Begriffes CRM. Es gibt jedoch zwei unterschiedliche Betrachtungsweisen. Zum einen wird das CRM auf die technologische Komponente reduziert und die Einführung eines CRM Systems in einem Unternehmen thematisiert. Dabei wird jedoch häufig die Umstrukturierung des Unternehmens und die Neuausrichtung der Unternehmensstrategie in Richtung Kunde vernachlässigt. Die andere Betrachtungsweise stellt die betriebswirtschaftliche Orientierung in den Vordergrund, ohne die IT-Implementierung zu berücksichtigen[86]. Für den weiteren Inhalt dieser Arbeit soll folgende Definition gelten, die beiden genannten Betrachtungsweisen berücksichtigt:

„CRM ist eine kundenorientierte Unternehmensstrategie, die mit Hilfe moderner Informations- und Kommunikationstechnolgien versucht, auf lange Sicht profitable Kundenbeziehungen durch ganzheitliche und individuelle Marketing-, Vertriebs- und Servicekonzepte aufzubauen und zu festigen[87].“

In der Literatur gibt es weitere Begrifflichkeiten im Bereich des CRM, welche jedoch den inhaltlichen Schwerpunkt der Betrachtungsweise unterschiedlich legen. Das Beziehungsmanagement legt den Fokus auf *„die aktive und systematische Analyse, Selektion, Planung Gestaltung und Kontrolle von Geschäftsbeziehungen[...][88]“*, und bezieht dabei nicht nur die Kundenbeziehungen, sondern auch die Beziehung zu Lieferanten, Behörden oder auch den eigenen Mitarbeitern mit ein. Außerdem wird dabei zwischen Einzeltransaktionen und langfristigen Geschäftsbeziehungen unterschieden[89].

---

[85] Vgl. Motorola (2011)
[86] Vgl. Hippner (2006), S. 17f
[87] Hippner (2006), S. 18
[88] Diller (1995), S. 422
[89] Vgl. Diller (1995), S. 422 ff

Der durch Berry Anfang der 80er Jahre geprägte Begriff des Beziehungsmarketings stellt die Kundenseite in den Vordergrund[90]. Auch hier ist der Ansatz, eine langfristige Bindung zum Kunden aufzubauen, anstatt eine Betrachtungsweise auf Einzeltransaktionsebene zu vollziehen[91].Hauptziel des CRM ist die Ausgestaltung profitabler Kundenbeziehungen, um damit den Unternehmenserfolg zu steigern und somit letztendlich den Unternehmenswert zu erhöhen[92].

2.2.1.2   Management Ansatz

Wie bereits einleitend erwähnt, ist die bloße Einführung eines technischen CRM Systems in einem Unternehmen nicht ausreichend, um einen ökonomischen Erfolg herbeizuführen.

Zentrales Element des CRM ist die Kundenbeziehung. Damit profitable Kundenbeziehungen aufgebaut werden können, muss natürlich der Kundenwert für das Unternehmen bekannt sein, und in welchem Status eines Lebenszykluses sich der Kunde befindet. Um überhaupt in der Lage zu sein, eine Kundenorientierung und damit letztendlich eine Bindung des Kunden an das Unternehmens zu erreichen, muss das Unternehmen fähig sein, die Kundenbeziehung aktiv zu beeinflussen. Hierzu gilt es, die Schnittstelle zum Kunden und die dahinter liegenden Prozesse kundenorientiert zu gestalten, was in der Regel eine Reorganisation des Unternehmens bedingt. Bei dieser Umstrukturierung handelt es sich jedoch nicht um ein zeitlich begrenztes Projekt, sondern um eine nachhaltige Unternehmensstrategie. Die Einführung eines IT-Systems kann dabei als Anlass genommen werden, bestehende Prozesse zu hinterfragen und gegebenenfalls neu zu gestalten, um der Kundenorientierung nachkommen zu können[93].

Die beschriebe Neuausrichtung der Geschäftsprozesse bringt eine Änderung der Aufbau- und Ablauforganisation mit sich. Damit einhergehend sind meist auch Änderungen im sozialen Gefüge und im persönlichen Arbeitsumfeld der Mitarbeiter. Um dieses erfolgreich umzusetzen ist die Einrichtung eines Change Managements zur Begleitung des Prozesses der Neuausrichtung sinnvoll[94]. Die Geschäftsprozesse werden an die Anforderungen der kundenorientierten Strategie angepasst. Dabei ist es nötig, nicht nur die primären Geschäftsprozesse anzupassen, sondern auch die unterstützenden Prozesse auf die Strategie abzustimmen. Weiterhin ist es oft notwendig, die bestehenden Geschäftsprozesse abteilungsübergreifend zu organisieren, damit auch die unterstützenden Prozesse zum Kunden hin ausgerichtet werden, obwohl kein unmittelbarer Kundenkontakt besteht[95]. Für

---

[90] Vgl. Berry (1983), Seite 25
[91] Vgl. Kotler et al. (2010), S. 440
[92] Vgl. Matzler et al. (2002 a), S. 7ff
[93] Vgl. Hippner (2006), S. 22 ff
[94] Vgl. Stolzenberg et al. (2009), S. 2ff
[95] Vgl. Hippner (2006), S. 33 f

tiefgreifende Veränderungen im Unternehmen ist ein Committment der Unternehmensleitung zur Strategie unerlässlich[96].

Um eine CRM Strategie erfolgreich umzusetzen ist das Verständnis notwendig, dass die Kundenorientierung eine hohe Produkt- und Servicequalität des Unternehmens verlangt[97]. Außerdem muss eine Differenzierung auf Leistungs- und Kommunikationsebene stattfinden[98]. Für die Leistungsebene bedeutet dies, dass die Unternehmen bei immer homogener und damit austauschbarer werdenden Produkten, ein Alleinstellungsmerkmal über die Generierung eines Zusatznutzens, wie z.B. einzigartigen Service, zu etablieren[99]. Außerdem versuchen die Unternehmen, durch geschicktes Pricing, die Kundenbindung zu erhöhen[100]. Der Einsatz von Multi-Channel Konzepten erlaubt es dabei, dem Kunden Produkte und Leistungen in verschiedenen Kanälen anzubieten[101], und ihn auch unter Nutzung verschiedener Kanäle anzusprechen[102].

Abschließend lässt sich festhalten, dass die strategischen Rahmenbedingungen durch das Management erarbeitet und vorgegeben werden müssen, um CRM erfolgreich zu operationalisieren, sei es in der Organisation des Unternehmens oder im Aufbau eines IT Systems.

2.2.2 Konzepte

Im CRM kommen eine Reihe von Konzepten zum Tragen, um die Kundenbeziehungen zu managen. Schlüsselkonzepte sind dabei das Erkennen des Kundenlebenszyklus und die Errechnung des Wertes einer Kundenbeziehung.

2.2.2.1 <u>Customer Lifecycle</u>

Damit Unternehmen die Kundenbeziehungen optimal managen können, wird ein Verständnis der charakteristischen Merkmale von Beziehungen sowie ein beziehungsorientiertes Konzept des Managements vorausgesetzt[103].

Nach Diller unterscheiden sich solche Beziehungen durch eine Anzahl von Merkmalen von den Einzeltransaktionen. Grundsätzlich stellen Geschäftsbeziehungen mehrmalige, nicht zufällige Interaktionen dar, die einer zeitlichen Struktur folgend und typische Phasen durchlaufen. In der Regel weisen diese Beziehungen mehrere Ebenen auf, typischerweise eine Sach- und Emotionalebene. Im zeitlichen Verlauf und Aufgrund von Erfahrungen entsteht zwischen den Parteien Vertrauen, welches die Basis für spezifische Investitionen,

---

[96] Vgl. Schulze (2002), S. 111
[97] Vgl. Hippner (2006), S. 35
[98] Vgl. Lehner (2002), S. 14
[99] Vgl. Holland (2004), S. 10
[100] Vgl. Tacke et al. (2006), S. 1
[101] Vgl. Stäger (1999), S. 11
[102] In diesem Zusammenhang spricht man von Multi-Channel Marketing, vgl. Schnaufer et al. (2006), S. 110
[103] Vgl. Stauss (2006), S. 423

wie z.B. eine kundenindividuelle Leistungsentwicklung ist. Das Ausmaß des Vertrauens und der Umfang der spezifischen Investitionen sind dabei ausschlaggebend für die Beziehungsintensivität bzw. die Beziehungsqualität, welche letztendlich bestimmend für die Bindung der Partner sind[104]. Anhand dieser Merkmale wird die Herausforderung im Bereich des Kundenbeziehungsmanagements deutlich, nämlich dass die Beziehung gezielt durch die planmäßige Gestaltung der Interaktion in ein Vertrauensverhältnis überführt wird. Für die planmäßige Durchführung ist es notwendig ein Verständnis für die Entwicklung von Beziehungen zu bekommen. Um dieses Verständnis zu gewinnen kommen Modelle, wie der Customer Lifecycle, zum Einsatz[105].Das Konzept des Kundenbeziehungs-Lebenszyklus, welches als Analogie des Produktlebenszyklusmodells zu verstehen ist, stellt dabei den idealtypischen Ablauf einer Kundenbeziehung dar.

Phase	Beschreibung
Anbahnung	- Informationsbeschaffung durch den Kunden - Reaktion auf Kommunikationsmaßnahmen - Es gibt noch keine Transaktionen, daher keine Umsätze
Sozialisation	- Aufnahme einer Geschäftsbeziehung - Erste Erfahrungen des Kunden mit Produkten und Services

Wachstum	- Folgekäufe
	   • Wiederholte Käufe
	   • Ausweitung des Nutzungsspektrums

Reifephase	- Umsatz steigt nur noch mit sinkenden Wachstumsraten
Degeneration/ Gefährdung	- Stagnation der Ergebnisbeiträge - Abbruch der Beziehung ohne geeignete Gegenmaßnahme
Kündigungs-phase	- Der Kunde hat eine Entscheidung zur Kündigung getroffen und diese auch kommuniziert - Für einige Kunden endet die Geschäftsbeziehung in dieser Phase
Abstinenzphase	- Kunde ist z.B. zu einem Wettbewerber abgewandert
Revitalisierungs phase	- Es beginnt ein neuer Zyklus - Kunde ist enttäuscht vom Wettbewerber

Tabelle 4 Kundenbeziehungslebenszyklus nach Status[106]

2.2.2.2   Kundenwert / Customer Value

Neben der Erkenntnis, dass sich Geschäftsbeziehungen zwischen dem Unternehmer und Kunden in verschiedenen Phasen befinden können, ist für das Management dieser Beziehungen die Kenntnis des Wertes einer solchen Beziehung von entscheidender Bedeutung. Dabei ist in der Literatur die Begriffsverwendung des Kundenwertes nicht eindeutig abgegrenzt und wird teilweise synonym verwendet. Der Begriff des Customer Value in der englischsprachigen Literatur verwendet, um das Ausmaß des Beitrages der monetären bzw. nicht monetären Bedürfnisbefriedigung aus Sicht des Kunden durch den Anbieter zu beschreiben[107]. Zur Beschreibung der theoretischen Grundlagen in der Literatur

---

[104] Vgl. Diller (2001), S. 529 f
[105] Vgl. Stauss (2006), S. 424
[106] Angelehnt an Staus (2006)
[107] Vgl. Hammerschmidt et al. (2006), S. 110

wird hierbei die Nutzenleiter nach Vershofen verwendet, welche die Nutzenstiftung für den Kunden nach Grundnutzen und Zusatznutzen differenziert[108].

Im Rahmen dieser Ausarbeitung ist jedoch der Begriff des Kundenwerts aus Sicht des Unternehmens festgelegt, der den Wert einer Geschäftsbeziehung für das Unternehmen darstellt und in der Literatur auch als Customer Lifetime Value bezeichnet wird[109]. Die Definition nach Günter legt den Kundenwert als *„[…] vom Anbieter wahrgenommene bewertete Beitrag eines Kunden bzw. des gesamten Kundenstammes zur Erreichung der monetären und nicht monetären Ziele eines Anbieters[…]* [110]" fest. Der Kundenwert kann dabei vergangenheitsbezogene Werte bzw. Ist-Werte wie z.B. Käufe enthalten, und noch zusätzlich um potentiale zukünftiger Käufe erweitert werden[111]. In diesem Zusammenhang wird oft auf das Cross-Selling Potential verwiesen, welches den Bedarf des Kunden an zusätzlichen Produkten des Anbieters in Verbindung mit dem Einsteigsprodukt, umfassend mit der Bereitschaft, dieses Bedürfnis beim Anbieter zu decken, beschreibt[112]. Der Kundenwert sollte jedoch aus unterschiedlichen Bausteinen bestehen und quantitative oder qualitative bzw. monetäre (z.B. Umsatz) und nicht-monetäre Komponenten (Empfehlungsverhalten) berücksichtigen[113]. Um den Kundenwert für das Unternehmen zu ermitteln, existieren verschiedene Methoden. Zu den eindimensionalen Verfahren zählen die ABC-Analyse[114] und das Scoring Verfahren als multikriterielle Betrachtungsweise, indem aus gewichteten qualitativen und quantitativen Merkmalen im Rahmen eins Bewertungsprozesses ein Score ermittelt wird, welcher den Kundenwert widerspiegelt[115].Eine Methode zur Berechnung des Kundenwertes im Rahmen eines strukturbezogenen Ansatzes in Form einer Rentabilitätsanalyse ist die Kundendeckungsbeitragsrechnung

[116].Die Portfolio Analyse ist ein mehrdimensionaler Ansatz zur Ermittlung des Kundenwertes. Es werden in der Regel zwei Kriterien in Beziehung zueinander gesetzt. Die Ergebnisse werden in der Praxis häufig in Form einer Matrix dargestellt[117].

Neben den beschriebenen statischen Methoden existieren auch dynamische Methoden der Kundenwertermittlung, die die durchschnittliche Laufzeit der Geschäftsbeziehung mit berücksichtigen. Diese Methode entspricht dem bereits benannten Begriff des Customer

---

[108] Vgl. Vershofen (1959)
[109] Vgl. Hammerschmidt et al. (2006), S. 110
[110] Günter et al. (2006), S. 360
[111] Vgl. Günter et al. (2006), S. 360
[112] Vgl. Schäfer (2002), S. 58
[113] Vgl. Günter et al. (2006), S. 361
[114] Vgl. Gladen (2008) S. 282
[115] Vgl. Günter et al. (2006), S. 363
[116] Vgl. Jung (2007), S. 447
[117] Vgl. Schirmeister et al. (2006), Seite 319

Lifetime Value[118]. Für die Berechnung fließen die Erkenntnisse aus der Analyse des Kundenlebenzykluses mit ein[119]. Für die eigentliche Durchführung der Berechnung wird unter anderem die Kapitelwertmethode verwendet[120].

Aus Managementsicht liegt die Herausforderung bei Ermittlung des Kundenwertes neben der Wahl der Methode natürlich darin, die kundenwerttreibenden Faktoren zu ermitteln. Darüber hinaus erfordert der Aufbau eines wertorientierten Kundenmanagements die Identifizierung der wertvollen Kunden- und Marktsegmente, sowie die Ableitung von Maßnahmen zur gezielten Bearbeitung

2.2.3 Dimensionen des CRM

Nachdem die strategischen Ansätze des CRMs festgelegt sind, gilt es die Umsetzung innerhalb des Unternehmens zu planen. Wie bereits erwähnt kann die IT als „technical Enabler" fungieren. Dabei gilt es bei der Einführung eines integrativen Systems in einer Unternehmung häufige bestehende Insellösungen abzuschaffen, und Schnittstellen zu dem wichtigem Unternehmenssystem, z.B. ERP (Enterprise Ressource Planing), zu schaffen. Als Integratives System muss ein CRM alle Kundeninformationen zusammenführen und diese auswertbar machen, alle relevanten Kommunikationskanäle mit einbeziehen, sowie die operative Unterstützung der Prozesse gewährleisten. Diese Aufgaben spiegeln sich in den Dimensionen des CRM wieder.

2.2.3.1 Analytisch

„Unter analytischem CRM werden die Funktionen und Prozesse verstanden, die mittels datenanalytischer Anwendung Kundenbedarf,- verhalten und –wert sowie die zukünftige Entwicklung der Kundenbeziehung prognostizieren[121]." Grundlage des analytischen CRM bildet ein Customer Date Warehouse, welches kundenbezogene Informationen verschiedener Funktionsbereiche enthält, die im Rahmen der operativen Tätigkeit entstehen. In der Regel sind diese analytischen Systeme von operativen Systemen entkoppelt, um keine negative Beeinflussung der operativen Systeme durch rechenintensive Analysen zu riskieren[122]. Um den Datenbestand des Warehouses zu analysieren, existieren verschiedene Methoden und Verfahren. Ein Werkzeug für die Analyse von Umfangreichen Datenbeständen bietet OLAP(On-Line Analytical Processing), welches auf eine Beschreibung von Codd et al. aus dem Jahre 1993 zurückgeht. Zentrales

---

[118] Vgl. Reinecke et al. (2006), Seite 425
[119] Vgl. 2.2.1.3.1 Customer Lifecycle.
[120] Vgl. Wöhe et al. (2000), S. 638 ff
[121] Zipser (2002), S. 123
[122] Vgl. Hippner et al. (2006 a), S. 49f

Element des OLAP ist die Multidimensionalität, welche eine tiefgreifende und intuitive dynamische Analyse von Datenbeständen ermöglicht[123].

Typische Dimensionen in diesem Zusammenhang sind betriebswirtschaftliche Merkmale wie z.B. Produkte, Umsatz, Verkaufsregion oder Zeit[124]. Die Verknüpfung dieser Merkmale liefert Erkenntnisse, die über die reine Darstellung in Tabellenform hinausgehen[125]. Moderne OLAP Systeme unterstützen den Benutzer bei der Navigation über die Daten durch Funktionen, wie z.B. einen Drill-Down, also der Detaildarstellung von Daten[126]. Bei immer komplexer werdenden Fragestellungen und wachsenden Datenbeständen ist die Methode des OLAP zur Erkennung von Zusammenhängen innerhalb der Kundendaten jedoch unter Umständen nicht mehr zielführend[127]. Die Methode des Data Minings wird angewendet um in großen Datenbeständen Zusammenhänge zu identifizieren. Spezielle Algorithmen erkennen dabei Muster in den Daten, welche zu Zwecken der Analyse herangezogen werden können, oder um zu prognostizieren[128].Typische Auswertungen im Bereich des analytischen CRM sind beispielsweise die bereits erwähnten Cross-Selling Analysen, automatische Clusteranalysen des Kundenstammes oder die Ermittlung des in Abschnitts 2.2.2.2 erläuterten Kundenwertes. Ein CRM System ist in der Regel als Closed-Loop System konzipiert, das heißt Ergebnisse aus den Analysen werden über entsprechende Maßnahmen in den operativen Systemen und Prozessen realisiert. Es handelt sich folglich um ein lernendes System[129].

2.2.3.2 Operativ

Das operative CRM umfasst alle Bereiche und Funktionen, die im direkten Kontakt mit dem Kunden stehen. Es dient in erster Linie der Unterstützung der operativen Prozesse eines Unternehmens[130]. Dieser Teil eines CRM Systems wird auch als Front Office bezeichnet[131]. In der Literatur wird der Front Office Bereich in der Regel in drei Teile untergliedert, und mit dem Begriff Automation verbunden, welcher die Bedeutung der administrativen, analytischen und kontaktunterstützenden Aufgaben unterstreichen soll. Der erste Bereich ist dabei der Aspekt der Marketing Automation[132]. Im Rahmen dieser Ausarbeitung wird dieser Bereich jedoch als eigenständige Dimension der CRM betrachtet[133]. Der zweite

---

[123] Vgl. Codd et al. (2003)
[124] Vgl. Holthuis (2001), S.135
[125] Vgl. Hippner et al. (2006 a), S. 50
[126] Vgl. Holten et al. (2001), S. 12
[127] Vgl. Hippner et al. (2006 a), S. 51
[128] Vgl. Meier et al. (2009), S. 185 f
[129] Vgl. Hippner et al. (2006 a), S. 49
[130] Vgl. Ebd, S. 48
[131] Vgl. Helmke et al. (2007), S. 12
[132] Vgl. Hippner et al. (2006 a), S. 54
[133] Vgl. 2.2.2.3 Kommunikatives CRM

Bereich wird als Sales Automation oder auch Sales Automation[134] bezeichnet und umfasst vertriebliche Aufgaben eines Unternehmens, wie z.B. die Terminplanung, das Erfassen von Besuchsberichten und die Verwaltung der Kundenstammdaten[135]. Im Bereich der Sales Automation spielen im analytischen Aufgabenfeld die Bereits erwähnte Ermittlung des Kundenlebenszykluses und die Verwaltung von Verkaufschancen, den sogenannten Opportunities, eine entscheidende Rolle[136].

Der dritte Bereich ist das Umfeld der Service Automation. Zu den Aufgaben zählen ebenfalls die Terminplanung und Verwaltung für den Außendienst. Zusätzlich werden in diesem Bereich z.B. Produktinformationen für die Kunden vorgehalten[137], oder aus Beschwerdemails Verbesserungsvorschläge abgeleitet[138].

Hauptziel des operativen CRM ist neben der bereits benannten Prozessunterstützung das Bestreben, möglichst viele und konsistente Daten zu sammeln[139].

2.2.3.3 Kommunikativ

Der Übergang zwischen dem operativen CRM und dem kommunikativen CRM ist fließend[140]. Hauptaufgabe ist es zum einen im Rahmen eines Multi-Chanel Managements die verschiedenen Kommunikationskanäle (z.B. E-Mail oder Telefon) des Unternehmens zu verwenden und zu integrieren[141]. Um dem richtigen Kunden die richtigen Informationen über die richtigen Kanäle und im richtigen[142] Stil bereitzustellen, ist das Kampagnenmanagement eine Kernaufgabe im Bereich der Sales Force Automation. Kampagnen werden in der Regel unter Berücksichtigung der Zielsetzung (z.B. Neukundengewinnung), der Zielgruppe und des passenden Kommunikationskanals geplant. Nach Ausführung der Kampagne erfolgt eine Auswertung zur Messung des Erfolges einer Kampagne[143]. Für eine zielgerichtete und glaubwürdige Kommunikation mit den Kunden ist der Ansatz des „one face to the customer" von entscheidender Bedeutung. Dadurch soll gewährleistet werden, dass der Kunde eine einheitliche Sicht auf das Unternehmen erhält, und nicht mit widersprüchlichen Informationen versorgt wird[144]. Die gewonnen Informationen aus den Rückmeldungen der Kunden, werden ebenfalls gespeichert und im Rahmen des Closed Loop Systems zur Auswertung in das Data

---

[134] Vgl. Hessler et al. (2002), S. 114
[135] Vgl. Link et al. (1993), S. 93 ff
[136] Vgl. Hippner et al. (2006 a), Seite 58ff
[137] Vgl. Matzler et al. (2002 b), S. 185
[138] Vgl. Hippner et al. (2006 a), S. 62
[139] Vgl. Dold et al. (2004), S. 7
[140] Vgl. Schumacher et al. (2004), S. 21
[141] Vgl. May et al. (2010), S. 92
[142] Richtig bezeichnet in diesem Zusammenhang die individuelle Präferenz
[143] Vgl. Hippner et al. (2006 a), S. 55ff
[144] Schumacher et al. (2004), S. 21

Warehouse überführt[145]. Aus Sicht des Unternehmens entsteht ebenfalls eine einheitliche Sicht auf den Kunden, welche als „one face of the customer" bezeichnet wird[146].

2.2.3.4 Kollaborativ

Neben dem Aspekt des Informationsaustausches unternehmensinterne Stellen[147], bietet das kollaborative CRM die Möglichkeit, dass Kunden, Unternehmen und Lieferanten zusammenarbeiten und Informationen tauschen. Ein Beispielprozess wäre die Weitergabe von Bestelldaten der Kunden an den Lieferanten des Unternehmens, um eine genaue Produktionsplanung zu ermöglichen. Ein weiteres Beispiel wäre die Einrichtung virtueller Marktplätze, um durch Auktionen die Zusammenarbeit zwischen den beteiligten zu verbessern[148]. Dadurch wird eine Optimierung für die Beteiligten entlang der Wertschöpfungskette erreicht, was jedoch ein Umdenken der beteiligten Unternehmen voraussetzt und eine technologische Unterstützung bedingt.[149].

2.2.4 CRM IT Systeme

Im Folgenden werden Systeme beschrieben, auf deren technologischen Basis sich ein CRM System im Unternehmen implementieren lässt. Vorher wird kurz der allgemeine Aufbau eines CRM Systems beschrieben werden.

2.2.4.1 Allgemeiner Aufbau eines CRM Systems

Der Aufbau eines CRM Systems kann sich in seinen Komponenten unterscheiden. Deshalb soll im Rahmen dieser Ausarbeitung auf eine detaillierte technische Untersuchung verzichtet und folgender technischer Aufbau unterstellt werden[150]: Die Daten des CRM Systems werden in einer Datenbank vorgehalten. Auf einem Applikationsserver wird die Business Logik ausgeführt. Ein Webserver bereitet die Daten für die Darstellung im Browser auf[151], alternativ kann der Zugriff über einen dedizierten Client erfolgen. Es existieren Schnittstellen zu anderen Unternehmenssystemen.

Grundsätzlich lassen sich CRM Systeme in drei Klassen einteilen:

- Integrierte Globallösungen: Autonome CRM Systeme welche sich optimal in Bestehende ERP Landschaften integrieren lassen.
- Funktionale Teillösungen: Konzentration auf ausgewählte CRM Funktionalitäten, die über Schnittstellen mit anderen Teillösungen verbunden werden.
- Branchenlösungen: spezielle Lösungen für Branchen mit angepassten Funktionen[152].

---

[145] Vgl. Zipser (2001), S.49
[146] Vgl. Hippner et al. (2006 a), S. 65
[147] Diese Funktion wird in dieser Ausarbeitung als Teil des operativen CRM betrachtet
[148] Vgl. Schildhauer (2003), S. 51 ff
[149] Vgl. Birker (2007), S. 193
[150] Signifikante technische Besonderheiten der einzelnen Hersteller werden gezielt erwähnt
[151] Vgl. Laudon et al. (2009), S. 315
[152] Vgl. Hippner et al. (2006 b), S. 77 ff

Entscheidend für das weitere Verständnis ist der logische Aufbau eines CRM Systems und der Komponenten, wie es Abbildung 3 zeigt. Es stellt die bereits beschriebenen Dimensionen und Aufgaben des CRM in einen Zusammenhang.

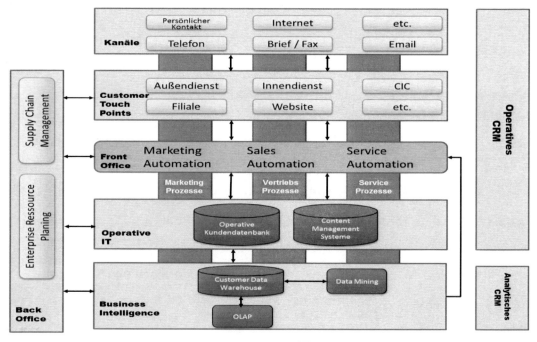

Abbildung 2 Komponenten eines CRM Systems [153]

2.2.4.2 SAP

Das deutsche Unternehmen SAP ist einer der weltweit größten Softwarehersteller für Unternehmenssoftware. Im CRM Bereich ist die SAP Marktführer mit einem Marktanteil von 22,5 % im Jahr 2008 [154]. SAP CRM ist in der Version 7.0 Bestandteil der SAP Business Suite, und fällt daher in die Klasse einer integrierten Globallösung. Im operativen CRM unterstützt SAP CRM durch umfangreiche Funktionen der Sales-, Service- und Marketing-Automatisation[155]. Für das analytischen CRM wird zwar eine Funktion angeboten, jedoch findet die Datenanalyse im SAP BW (Business Warehouse) statt. Dieses bietet eine eigene Datenbank, kann OLAP Abfragen ausführen und über das sogenannte SAP Business Content sind vordefinierte Szenarien im Standard analysierbar[156]. Neben der bereits erwähnten ERP- und BW-Anbindung können weitere Systeme über sogenannte Adapter angebunden werden. Beispiel hierfür ist die Anbindung einer Groupware (z.B. Lotus Notes oder Outlook) um die Kommunikation zu unterstützen und Termine zu synchronisieren[157]. Die Kommunikation der beteiligten Komponenten erfolgt dabei über eine Middleware. Dabei kann der Datentausch so eingerichtet werden, dass es eine initiale Übertragung vom ERP zum CRM gibt, die z.B. den Kunden- und Artikelstamm enthalten. Später werden dann nur

---

[153] Vgl. Hippner et al. (2006 a), S. 48
[154] Vgl. Computerwoche (2009)
[155] Vgl. SAP (2011 a)
[156] Vgl. Hippner et al. (2006 b), S. 81
[157] Vgl. SAP (2011 b)

noch Änderungen übertragen, um die beiden Systeme synchron zu halten[158]. Hauptvorteil von SAP CRM gegenüber anderen Systemen ist sicherlich die enge Integration mit der ERP Lösung von SAP[159]. Dadurch lassen sich übergreifende Geschäftsprozesse im Unternehmen ganzheitlich abbilden. Ein Beispiel dafür wäre die Anbahnung und anschließende Erfassung eines Auftrags mit Hilfe des CRM Systems, und die spätere Abbildung der Lieferung, des Transport und der Rechnungsstellung im ERP System. Nachteil der von SAP CRM sind jedoch hohe Kosten zum einen für das Customizing, zum anderen die hohen Betriebskosten für eine komplexe Systemlandschaft[160].

Mit der Version 7.0 hat die SAP eine neue, webbasierte Benutzeroberfläche für das CRM System vorgestellt, die zeitgemäßer ist, die Bedienung vereinfacht, und damit die Akzeptanz der Nutzer steigern soll[161]. Außerdem bietet SAP mit „Sybase Mobile Sales for SAP CRM" bietet SAP eine mobile Komponente für Smartphones an. Damit soll der mobile Datenzugriff auf Kunden, Kontakte, Opportunities, etc. möglich sein. Unterstützt werden zurzeit das IPhone und Windows Mobile Geräte, eine Version für BlackBerry ist in Planung[162]. Die Zielgruppe für den Einsatz von SAP CRM sind in erster Linie große Unternehmen.

SAP offeriert ebenfalls eine SAAS Lösung an[163].

2.2.4.3 SugarCRM

SugarCRM ist ein mehrfach ausgezeichnetes CRM System der 2004 gegründeten Firma SugarCRM Inc. Nach eigenen Angaben hat Sugar Inc. weltweit ca. 6000 Kunden, und eine halbe Millionen User nutzen das System[164]. Neben kostenpflichtigen Editionen stellt Sugar CRM Inc. auch eine kostenfreie Open Source Version der Software bereit[165]. Diese wird unter der Affero General Public License veröffentlicht, und bietet gegenüber den kostenpflichtigen Versionen einen eingeschränkten Funktionsumfang[166]. SugarCRM basiert auf PHP, als Datenbank kommt im Standard mySQL zum Einsatz. Der Zugriff auf das System erfolgt über HTML Seiten, also über den Browser[167]. Die aktuellste Version SugarCRM 6.1. SugarCRM kann in Hinblick auf den Funktionsumfang als funktionale Teillösung betrachtet werden. Die Kernfunktionalitäten eines CRM Systems werden abgedeckt, die Sales Automation Funktionen unterstützt den Vertrieb bei der

---

[158] Vgl. Hippner et al. (2006 b), S. 82
[159] Vgl. Computerwoche (2010 c)
[160] Vgl. Hippner et al. (2006 b), S. 92 ff
[161] Vgl. Computerwoche (2007)
[162] Vgl. Sybase (2011)
[163] Vgl. Computerwoche (2010 c)
[164] Vgl. SugarCRM (2011 a)
[165] Überblick über die Editionen siehe Anhang Kapitel 2
[166] Vgl. SugarCRM (2011 b)
[167] Vgl. Hüttenegger (2006), S. 70

Bearbeitung von Kunden und Opportunities. Die Funktionsunterstützung im Bereich Marketing Automation erlaubt unter anderem die Durchführung von Multi-Channel Kampagnen. SugarCRM bietet ebenfalls Funktionen für den Servicebereich, z.B. ein Kundenportal für Self-Service. Außerdem wird ein Reporting Modul bereitgestellt, welches vom Funktionsumfang eher schmal gehalten ist, und Dashboards sowie Verkaufsanalysen visualisiert[168]. Das System kann über Module erweitert werden. Es werden kostenpflichtige Module, wie z.B. ein Lotus-Adapter angeboten. Darüber hinaus kann SugarCRM mittels kostenlos zur Verfügung gestellten Modulen erweitert werden[169].

Hauptvorteil einer Open Source Lösung ist offensichtlich, dass keine Lizenzkosten anfallen[170]. Außerdem kann die Software beliebig angepasst werden, da der Quellcode offen einsehbar ist. Außerdem ist es im Open Source Umfeld üblich, modular zu programmieren, und offene Standards zu verwenden, und damit die Abhängigkeit von proprietären Produkten zu umgehen[171]. Dem steht jedoch der Nachteil gegenüber, dass häufig kein umfassender Support angeboten wird[172]. Im Fall von SugarCRM ist dieser Nachteil nur begrenzt gegeben, beim Umstieg auf die Kostenpflichtige Edition wird ebenfalls Support gewährt[173]. Weiterhin besteht die Gefahr von unzuverlässigen Releasezyklen oder gar einer Einstellung der Weiterentwicklung[174].

SugarCRM bietet in der aktuellen Version ebenfalls eine mobile Komponente an. Diese ist für das IPhone verfügbar, setzt allerdings eine kostenpflichtige Version von SugarCRM voraus[175]. Außerdem können verschiedene andere Implementierungen von Drittanbietern mobiler Module heruntergeladen werden, z.B. für Android oder BlackBerry. Die Software richtet sich an Unternehmen aller Größen, die Editionen sind sowohl als Download, als auch als SAAS Lösung verfügbar[176].

2.2.4.4 Salesforce.com

Salesforce.com wurde 1999 von einem ehemaligen Oracle Mitarbeiter gegründet und ist ein Vorreiter auf dem Gebiet des Cloud Computing. Das Geschäftsmodell ist es, das System als SAAS (Software as a Service) anzubieten. Für den Kunden hat dies den Vorteil, dass er keine Investition in Hardware tätigen muss, und die Software sofort und mit geringem Implementierungsaufwand zur Verfügung steht [177].

---

[168] Vgl. SugarCRM (2011 c)
[169] Vgl. SugarExchange (2011)
[170] Vgl. Buxmann et Al. (2008), S. 193
[171] Vgl. Wichmann (2004), S. 39
[172] Vgl. Mundhenke (2007), S. 136
[173] Vgl. SugarCRM (2011 d)
[174] Vgl. Mundhenke (2007), S. 137
[175] Vgl. SugarCRM (2011 e)
[176] Vgl. Computerwoche (2010 c)
[177] Vgl. Laudon et al. (2009), S. 252

Abgerechnet wird bei salesforce.com pro User. Abhängig vom Funktionsumfang unterscheiden sich dabei die Kosten pro User, von 4€ monatlichen für den geringsten Funktionsumfang, bis hin zu 270€ monatlich für alle Funktionen. Die Funktionsumfänge werden in Editionen gegliedert[178]. Salesforce.com bietet verschiedene Geschäftsanwendungen an. Salescloud2 ist die Vertriebsanwendung zur Unterstützung von vertrieblichen Vorgängen, wie der Erfassung und Pflege von Kontakt- und Kundendaten. Für die Verwaltung von Opportunities wird bereits die Group-Edition benötigt[179]. Mit ServiceCloud2 bietet salesforce.com eine Anwendung für den Kundenservice. Auch hier werden Grundfunktionen, wie eine Funktion zum Beantworten von Kundenanfragen bereitgestellt. Weitergehende Funktionen sind in umfangreicheren aber auch teureren Editionen verfügbar[180]. Auf ein analytisches Modul wird verzichtet, bzw. sind analytische Funktionen in die jeweiligen Geschäftsanwendungen integriert[181]. Neben den Geschäftsanwendungen Sales- und ServiceCloud2 bietet salesforce.com noch die Collaboration-Plattform Chatter und die Applikationsplattform Force.com an[182].

Salesforce.com kann aufgrund des Funktionsumfangs ebenfalls als funktionale Teillösung klassifiziert werden. Eine Integration in die Systemlandschaft ist über die Verwendung offener Schnittstellen möglich[183].

Den bereits aufgeführten Vorteilen der Lösung stehen auch einige Nachteile gegenüber. Zum einen darf es keine Ausfälle des Dienstes geben, sonst kann unter Umständen nicht auf wichtige Geschäftsdaten zurückgegriffen werden. Zum andern begibt sich das Unternehmen in eine gewisse Abhängigkeit vom Anbieter[184].

Es wird eine mobile Version für IPhone, Windows Mobile und BlackBerry angeboten, welche neben Umfangreichen Funktionen auch die Möglichkeit bietet, offline zu arbeiten[185].

2.2.4.5 Vergleich

Abbildung 4 zeigt eine Nutzwertanalyse, welche die die beschriebenen Systeme nach einheitlichen Kriterien bewertet.

---

[178] Vgl. salesforce.com (2011 a)
[179] Vgl. salesforce.com (2011 b)
[180] Vgl. salesforce.com (2011 c)
[181] Vgl. salesforce.com (2011 d)
[182] Vgl. salesforce.com (2011 e)
[183] Vgl. salesforce.com (2011 f)
[184] Vgl. Laudon et al. (2009), S. 234 f
[185] Vgl. salesforce.com (2011 g)

	Gewichtung	SAP CRM Bewertung	Score	Salesforce CRM Bewertung	Score	Sugar CRM Bewertung	Score
Funktionsumfang	25						
Sales Force Automation		7	5	35	4	28	5	35
Service Automation		7	4	28	5	35	4	28
Marketing Automation		7	4	28	4	28	4	28
Analytisches CRM		4	5	20	3	12	3	12
Kosten	15						
Investition		5	1	5	5	25	5	25
laufende Kosten		10	1	10	3	30	5	50
Support	10						
Dokumentation		5	4	20	3	15	4	20
Hotline		2	3	6	2	4	3	6
Online		1	5	5	4	4	4	4
Verfügbares Berater Know-How		2	5	10	3	6	3	6
Schnittstellen	15						
ERP		7	5	35	4	28	4	28
Groupware		6	3	18	4	24	4	24
ECM		2	3	6	2	4	3	6
Mobile Verfügbarkeit	10						
Web		4	1	4	3	12	5	20
BB		2	3	6	5	10	3	6
IPhone		2	5	10	5	10	5	10
Android		2	1	2	1	2	3	6
Funktionen der mobilen Komponenten	25						
Zugriff aus Kunden / Kontaktpersonen		10	5	50	5	50	5	50
Zugriff auf Verkaufschancen		6	5	30	4	24	3	18
Activity Management		9	5	45	4	36	5	45
Summe Score				373		387		427
Summe Score Prozentual (Erreichungsgrad)				74,60%		77,40%		85,40%

Tabelle 5 Nutzwertanalyse CRM[186]/[187]

2.3 Mobiles CRM

Im Folgenden soll der Begriff des mobilen CRMs definiert werden. Nach einer Betrachtung des jetzigen Verbreitungsgrades erfolgt eine Darlegung der Potentiale für Unternehmen. Dabei werden die Potentiale beschrieben, und in Hauptkapitel 3 auf die Szenarien angewendet.

2.3.1   Definition

Zum aktuellen Zeitpunkt gibt es keine einheitliche Definition des mobilen CRM. Auch das Verständnis des mobilen CRM ist in der Literatur unterschiedlich ausgeprägt. Schäfer sieht im mobilen CRM lediglich eine *„[…] konsequente Fortsetzung des Push-Marketing* [188]*[…]“*. Turowski et al. sehen das Mobile CRM als Bestandteil einer mobilen ERP Lösung und stellen den Bezug zu vertrieblichen Aufgaben her[189]. Hippner et al. siedeln das Mobile CRM im operativen Bereich von CRM an, und sehen die Aufgabe in der Einbindung in die Unterstützung der operativen Bereiche Marketing, Vertrieb und Service[190]. Außerdem definiert Hippner vier „Mobilitätsdatenklassen", und nimmt somit Bezug auf die bereits

---

[186] Die Bewertung bezieht sich bei SAP auf die on Premise Lösung im Zusammenspiel mit BW und für SugarCRM auf die Professional Edition als on Demand Lösung.
[187] Quelle: Eigene Darstellung
[188] Schäfer (2005), S. 397
[189] Vgl. Turowski et al. (2004), S. 193 f
[190] Vgl. Hippner et al. (2005)

diskutierten mobilen Mehrwerte[191]. Link et Al. beschreiben darüber hinaus die Möglichkeit, analytische Funktionen des CRM mobil zu nutzen[192].

Unter Berücksichtigung der Ziele des CRM, der beschrieben mobilen Technologie und dem Mehrwertkonzept soll im Rahmen dieser Ausarbeitung folgende Definition gelten:

„Mobile CRM umfasst alle Funktionen des operativen und analytischen CRM, welche durch Verwendung mobiler Technologien und unter Generierung eines mobilen Mehrwertes, im Rahmen eines integrierten CRM Systems, zur Festigung und Ausbau der Kundenbeziehung beitragen[193]."

2.3.2 Verbreitung

Viele große Hersteller bieten in der Regel eine mobile Komponente für ihr CRM System an[194]. Dabei steht nicht mehr nur der Laptop als mobiles Endgerät im Fokus, sondern es werden zunehmend Smartphones als mobile Clients unterstützt. Das Smartphone, beispielsweise das BlackBerry, ist ein fester Bestandteil des Arbeitsalltages in vielen Unternehmen geworden. Daher sollen zum einen die CRM Software auf mobilen Endgeräten der Mitarbeiter implementiert werden. Zum andern verbreiten sich Mobile Devices und insbesondere Smartphones auch im privaten Umfeld. Nicht zuletzt den Erfolgsmodell IPhone ist es zu verdanken, dass der Branchenverband Bitkom für das Jahr 2011 mit ca. 10 Millionen verkauften Smartphones in Deutschland rechnet[195], und sollten daher im Rahmen des Multi-Channel Marketings als Bestandteil des mobilen CRM aus Kundensicht besonders berücksichtigt werden.

Zum Thema Mobile CRM führte Forrester Research im Auftrag von RIM eine Studie durch und befragte dazu 1005 europäische Unternehmen. Laut der Studie haben bereits 33% der kleinen Unternehmen mit 500 Mitarbeitern ein mobiles CRM eingeführt. 63% der befragten Unternehmen dieser Gruppe planten zu diesem Zeitpunkt eine Einführung. Die Hälfte der großen Unternehmen mit mehr als 500 Mitarbeitern haben ein mobiles CRM, 48 % planten zur Befragungszeit die Einführung[196].

2.3.3 Potential für Unternehmen

Bevor ein Unternehmen eine Mobile CRM Lösung einführt, sollte eine betriebswirtschaftliche Betrachtung des Vorhabens durchgeführt werden. Diese kann sich an der Vorgehensweise bei der Einführung einer reinen CRM Lösung orientieren und einerseits Umsatzerfolge, andererseits aber auch die Kosten berücksichtigen. Dazu können

---

[191] Vgl. Kapitel 2.1.2
[192] Vgl. Bensberg (2008), S. 85
[193] Quelle: Eigene Darstellung
[194] Vgl. Kapitel 2.2.4
[195] Vgl. Bitkom (2011)
[196] Vgl. Forrester (2009)

für die Einführung einer mobilen CRM Lösung mögliche Aspekte untersucht werden: Dies sind voraussichtliche Steigerung des Kundenwertes, die dem Umsatzplus zurechenbaren Bestell- und Vertriebskosten und die Kosten des Mobile CRM selbst[197]

Außerdem ist es in der Regel nicht ausreichend bestehende Lösungen einfach nur auf mobile Endgeräte zu portieren, ohne einen Mehrwert zu schaffen[198]. Die erwarteten Kosten(z.B. Lizenz-, Implementierungs-, Hardwarekosten) sind meist leichter zu ermitteln als zukünftige Potentiale. Trotzdem sollten Unternehmen die Potentiale, die sich aus der Einführung eines mobilen CRM ergeben können, eingehend untersuchen. Laut einer Forrster Studie konnten 65% der befragten Unternehmen die Geschäftsleistung steigern, indem Kosten gesenkt oder der Umsatz erhöht wurden. Haupterfolg war jedoch bei 69% der Unternehmen die Verbesserung der Kundenzufriedenheit. Immerhin 60% der Unternehmen erreichten eine Produktivitätssteigerung.[199].

Tabelle 6 zeigt die Potentiale für das Unternehmen:

Einsparung	Mit der Einführung eines Mobile CRM erwarten die Unternehmen ein Einsparpotential. E können Personalkosten eingespart werden, z.B. durch Vermeidung von Dopplererfassung und Medienbrüchen[200]. Außerdem können Prozesskosten gespart werden indem Kommunikation- und Koordinationsaufwand vermindert wird. Wartezeiten verkürzt, bzw. Produktiv genutzt werden[201].
Umsatzsteigerung	Die von den Unternehmen erwartete Umsatzsteigerung hängt stark vom Geschäftsmodell des jeweiligen Unternehmens ab. Grundsätzlich lassen sich jedoch die bereits beschriebenen Cross-Selling Potentiale besser heben, wenn die Informationsbasis vor Ort möglichst umfassend ist. Außerdem kann der Umsatz gesteigert werden, wenn das mobile Angebot für den Kunden selbst einen Kanal darstellt um den Umsatz zu generieren[202].
Nicht-monetäre Effekte	Diese Effekte sind schwer messbar. Letztendlich schlagen sich diese jedoch wieder im Kundenwert nieder, und beeinflussen damit den Unternehmenserfolg.

Tabelle 6 Potentiale des Mobile CRM[203]

---

197 Vgl. Silberer (2004), S. 466 f
198 Vgl. Königstorfer (2008), S. 184
199 Vgl. Forrester (2009)
200 Vgl. Turowski et al. (2004), S. 191
201 Vgl. Hubschneider (2007), S. 130
202 Vgl. Silberer et al. (2008), S. 151f
203 Quelle: Eigene Darstellung

3 Anwendungsbereiche des mobilen CRM im Unternehmen

Für die betriebliche Anwendung eines mobilen CRM ergeben sich zahlreiche Einsatzmöglichkeiten. Einige davon sollen in folgendem Hauptkapitel dargestellt werden. Neben der Beschreibung des jeweiligen Szenerios, sowie der Umsetzung im Rahmen des mobilen CRMs, soll der jeweilige Anwendungsfall in Hinblick auf die mobilen Mehrwerte sowie die Potentiale für das Unternehmen bewertet werden. Für die Szenarien soll unterstellt werden, dass bereits ein Integratives CRM im Einsatz ist, welches um eine mobile Komponente erweitert werden soll.

3.1 Vertrieb

Der Vertrieb stellt die direkte Schnittstelle zwischen Kunden und Unternehmen dar. Der Vertriebsmitarbeiter baut eine Beziehung mit dem Kunden auf und erhält diese aufrecht. Eine wesentliche Rolle spielt hierbei der persönliche Kontakt[204].

Für die folgenden Anwendungsfälle soll dieses Szenario gelten:

Die Firma KeraMax GmbH produziert und vertreibt Waschbecken und Armaturen. Der Vertrieb ist als Flächenvertrieb organisiert, d.h. der Außendienstmitarbeiter betreut alle Kunden einer bestimmten Region. Diese sind in der Regel Baumärkte, welche die Produkte als Handelsware verkaufen. Eine weitere Zielgruppe sind Architekten, die die Produkte der KeraMax GmbH für die Planung Ihrer Bauobjekte verwenden. Beide werden regelmäßig durch den Außendienst besucht. Die Auftragsanbahnung wird durch den Vertriebsaußendienst bis zum Vertragsabschluss begleitet, dabei wird er von einem Vertriebsinnendienst unterstützt, der auch für die Auftragsabwicklung zuständig ist. Mit einigen Kunden wurden Rahmenvereinbarungen getroffen. Außerdem werden Verkaufsaktionen auf Kunden-, Produkt oder Objektbasis durchgeführt.

3.1.1   Datenerfassung

Im Rahmen des operativen CRM Betriebes gilt es durch die Erfassung der relevanten Daten eine Basis für die spätere Auswertung zu schaffen. In einem CRM System werden in der Regel folgende Informationen durch den Außendienst erfasst:

Opportunities	Die erkannte Gelegenheit, einen Verkauf zu tätigen. Es wird eine Eintrittswahrscheinlichkeit angegeben und Produkt- und Leistungswünsche hinterlegt
Angebote	Die Basis auf der letztendlich der Auftrag erstellt wird. Enthält verbindliche Anforderung des Kunden bezüglich der Produkte und Mengen. Außerdem Verfügbarkeit und Preis.
Aktivitäten	Planung der Durchführung von Kundenbesuchen, Anrufen, Versand von Produktinformationen. Nach der Durchführung können Aktivitäten in Form von Besuchsberichten dokumentiert werden. Verknüpfung zu Kunden oder Opportunities

---

[204] Vgl. Hofbauer et al. (2009), S. 73

	erlaubt später eine gezielte Auswertung.
Kunden	Die Adressdaten eines Kunden, Unternehmensgröße und Zuordnung zu einer Zielgruppe.
Ansprechpartner	Die Kontaktdaten des Ansprechpartners des Unternehmens, sowie deren Rolle im Unternehmen.

Tabelle 7 Datenobjekte Vertrieb[205]

Die aufwändige Datenerfassung ist jedoch in der Praxis ein Hauptgrund für das Scheitern von CRM Projekten bzw. für die mangelnde Akzeptanz der Mitarbeiter[206]. Daher sollte die Erfassung von Daten möglichst einfach sein. Daten sollten vor Ort erfassbar sein. Ein mögliches Konzept, welches bisher zum Einsatz kam, war die Verwendung von Offline Clients, welche den zentralen Datenbestand lokal synchronisieren und replizieren, sobald eine Netzwerkverbindung besteht. Dabei kann es jedoch zu Speicherkonflikten kommen, wenn der lokale und der zentrale Stand unabhängig voneinander bearbeitet wurden[207].

Außerdem kann die Datenübertragung langwierig sein, falls der Datenbestand aufgrund von Replizierfehlern inkonsistent wird und eine komplette Neuübertragung notwendig ist. Alternativ erfasst der Außendienstmitarbeiter die Daten vor Ort auf Papier und überträgt diese später online im System, bzw. lässt diese im Backoffice erfassen.

Zumindest die letztgenannte Vorgehensweise wirkt sich negativ auf die Vertriebskosten aus da es zu Medienbrüchen und Doppelarbeiten kommt[208]. Hier liegt also ein Potential zur Kosteneinsparung für die Unternehmen durch mobiles CRM. Die von SAP Angebote Lösung *Sybase Mobile Sales for SAP® CRM* erlaubt es, z.B. Daten zu Kunden und Ansprechpartnern mobil zu erfassen. Dadurch wird gewährleistet, dass die Daten direkt im zentralen Datenbestand des CRM Systems verfügbar sind[209]. Für den Erfasser wird der mobile Mehrwert der Ubiquität realisiert, da er die Daten sofort online speichern kann. Bei der mobilen Dateneinabe ist jedoch darauf zu achten, dass sich ein Touchscreen nicht für die Eingabe längerer Texte eignet[210]. Daher ist unter Umständen die Verwendung eines BlackBerry Gerätes, welches über eine Tastatur verfügt, sinnvoll. Alternativ oder ergänzend können Tools bei der Dateneingabe unterstützen. Ein solches Tool ist das für Android und IPhone verfügbare Google Goggles. Es bietet die Funktion, mit der Kamera des mobilen Endgerätes aufgenommene Fotos durch einen zentralen Google Dienst analysieren zu lassen. Wird eine Visitenkarte Fotografiert, so erkennt Googles automatisch die Kontaktinformationen auf der Karte. Diese lassen sich per Knopfdruck in den Kontaktmanager des mobiles Endgerätes übertragen[211]. Sind Kontaktmanager des

---

[205] Vgl. Hippner et al. (2006 b), S. 88f, Schulze (2002), S. 29 ff
[206] Vgl. Schulze (2002), S. 4 und Vgl. Brendel (2003), S. 35
[207] Vgl. Mutschler et al. (2004), S. 107f
[208] Vgl. Stokburger et al. (2002), S. 129
[209] Vgl. Sybase (2011) → **Screenshot siehe Anhang**
[210] Vgl. Skalsky (2005), S. 155
[211] Vgl. Google (2011 a) → **Screenshot siehe Anhang**

Endgeräts und CRM miteinander verbunden[212], werden die Informationen synchronisiert. Außerdem kann der Nutzer bei der Dateneingabe durch Funktionen zur automatischen Wortvervollständigung [213] oder Verwendung von Wertelisten als Auswahlfeldern, unterstützt werden.

3.1.2 Information über Kunden und Produkte

Bevor ein Außendienstmitarbeiter einen Kunden besucht, wird er den Termin vorbereiten. Viele Systeme stellen daher für den Anwender ein sogenanntes *Customer Fact Sheet* bereit, auf dem relevante Informationen zu einem Kunden enthalten sind, z.B. Jahresumsatz, zugeordnete Verkaufschancen, Umsatz nach Produktgruppen, letzter Auftrag, usw.,[214]. In der Praxis werden diese Fact Sheets ausgedruckt und mitgenommen. Hier liegt ein Einsparpotential für die Unternehmen vor. Mit einer mobilen Lösung kann der Außendienstmitarbeiter kann das Fact Sheet von überall aus aufrufen, ein Ausdruck wird daher überflüssig und es können Druckkosten gespart werden. Für den Nutzer kann in diesem Beispiel ebenfalls der mobile Mehrwert der Ubiquität geschaffen werden, da der Zugriff auf die relevanten Daten ohne räumliche Beschränkungen erfolgt. Weiterhin kann für die Informationsversorgung der mobile Mehrwert der Kontextsensitivität realisiert werden, indem eine Ortsbestimmung vorgenommen wird. Nähert sich der Außendienstmitarbeiter dem Firmensitz eines Kunden, werden die Informationen zu diesem Kunden automatisch angezeigt. Dies kann z.B. durch einen Push-Mechanismus umgesetzt werden, der die notwendigen Berichte an das mobile Endgerät des Anwenders übermittelt[215]. Die Firma QlikTech bietet mit ihrer mobilen Version der BI Lösung QlikView 10 eine entsprechende Funktion an. QlikView Mobile ist im Moment für IPhone und iPad verfügbar[216].

Weitaus größeres Potential für die Unternehmen liegt jedoch im Bereich der Umsatzsteigerung durch das bereits erwähnte Cross-Selling bzw. UP-Selling, welches den Verkauf von höherwertigen Produkten bzw. Folgeleistungen bezeichnet[217]. Zwar ist der Außendienstmitarbeiter durch Vorbereitung in der Lage, bereits im Vorfeld Cross- bzw. Upselling Potentiale eines Kunden zu identifizieren. Wenn er jedoch während des Kundengespräches Zugriff auf die relevanten Kundendaten hat, ist er in der Lage situativ zu reagieren und die entsprechenden Produkte zusätzlich zum Einstiegsprodukt anzubieten[218]. Hat der Außendienstmitarbeiter während eines Verkaufsgespräch neben den historischen Daten des Kunden auch noch die Produktinformationen vorliegen, so kann der

---

[212] z.B. Im Fall von Sybase Mobile Sales for SAP® CRM ist diese Funktion gegeben, Vgl. Sybase (2011)
[213] Vgl. Firtman (2010), S. 166
[214] Vgl. SAP (2011 c)
[215] Vgl. Bensberg (2008), S. 85
[216] Vgl. QlikTech (2011) → **Screenshot siehe Anhang**
[217] Vgl. Laudon et Al. (2009), S. 541
[218] Vgl. Silberer (2004), S. 465

Verkaufserfolg und damit der Umsatz ebenfalls gesteigert werden. Der Mitarbeiter kann den Kunden z.B. über laufende Preisaktionen für Produkte, die der Kunde bereits gekauft hat, informieren. Außerdem kann der Mitarbeiter anhand der aktuellen Auftragsdaten kontrollieren, ob der Kunde bereits eine Rabattstaffel aufgrund von vereinbarten Mengen im Zuge eines Rahmenvertrages erreicht hat, bzw. erreichen kann[219]. Darüber hinaus kann im Rahmen einer Verfügbarkeitsprüfung festgestellt werden, ob Lagerbestand vorhanden ist, und wann eine Lieferung voraussichtlich möglich ist[220]. Dadurch kann die Kundenzufriedenheit verbessert werden, als nicht monetärer Effekt.

3.1.3 Navigation / Routenplanung

Im beschriebenen Szenario besuchen die Außendienstmitarbeiter Kunden in ihrem Gebiet. Die Routenplanung für die anstehenden Besuche kann stationär vorgenommen und entsprechend optimal gestaltet werden, wenn mehrere Besuche für einen Tag geplant sind. Die Eingabe der Routendaten kann jedoch durch die Funktionen der mobilen Endgeräte erleichtert werden. Android Geräte benutzen die Navigationssoftware auf Basis von Google Maps. Diese Lösung darf kostenfrei genutzt werden und bietet neben Spracheingabe des Zieles die Möglichkeit, direkt aus den Kontaktinformationen einer Person heraus die Route zu berechnen[221]. Neben des Einsparpotentiales durch die optimierte Routenwahl besteht ein Einsparpotential durch die Nutzung der Navigationsfunktion des mobilen Endgerätes, d.h. es wird kein zusätzliches Navigationsgerät benötigt. Für Android Endgeräte ist die fallen für die Navigationssoftware ebenfalls keine Kosten an, und außerdem entfallen Kosten für Updates, da Google das Kartenmaterial aktuell hält.

In der Praxis kann es durchaus vorkommen, dass ein Kunde einen geplanten Besuch absagt, obwohl der Außendienstmitarbeiter schon auf dem Weg ist. Kann er nicht umdisponieren, so müsste er eine Wartezeit bis zum nächsten Termin in Kauf nehmen. Er könnte jedoch versuchen einen alternativen Termin zu vereinbaren, und zwar mit einer Kontaktperson die seinem jetzigen Standort am nächsten ist. Die IPhone App Mapolous bietet solch eine Funktion, indem Sie die Kontakte aus dem Adressbuch auf einer Karte, ausgehend vom Standort des Nutzers, visualisiert[222]. Für den Nutzer bedeutet diese wiederum, dass der den Mehrwert der Kontextsensitivität realisieren kann. Für Unternehmen besteht das Potential, dass Leerlaufzeiten produktiv genutzt werden können, was die Chance einen Umsatz zu erzielen, erhöht.

---

[219] Vgl. Stokburger et al. (2002), S. 121
[220] Vgl. Hippner et al. (2006 b), S. 89
[221] Vgl. Google (2011 b) → **Screenshot siehe Anhang**
[222] Vgl. Mapulous (2011) → **Screenshot siehe Anhang**

Die Verwendung von mobiler Technologie ermöglicht eine genaue Kontrolle über die gefahrenen Strecken. Die Android App myTracks z.B. kann Fahrtstrecken aufzeichnen[223]. Dadurch können die Fahrtwege genau nachvollzogen werden, z.B. für eine kilometergenaue Reisekostenabrechnung. Diese kann auch in die Ermittlung der Vertriebskosten je Kunde mit einbezogen werden um ein genauere Analyse vornehmen zu können[224]. Angestellte können die aufgezeichneten Fahrtwege nutzen, um den Dienstwagen zu versteuern. Der Angestellte hat dabei die Wahl zwischen einer pauschalen Versteuerung von monatlich 1% des Listenpreises ohne Rabatte, oder einer Versteuerung von Einzelnachweisen in Form eines Fahrtenbuches[225]. Im Falle der Aufzeichnung der Fahrtwege profitiert der Anwender von der Telemetriefunktion mobiler Endgeräte. Die Unternehmen können in diesem Fall die Zufriedenheit der eigenen Mitarbeiter steigern, es handelt sich daher um einen nicht-monetären Effekt.

3.2 Service

Die Wahrung der Kundenzufriedenheit ist eine der wichtigsten Aufgaben des Service Bereiches eines Unternehmens[226]. Er Umfasst in der Regel den Serviceaußendienst und einen Serviceinnendienst. Im Rahmen der Service Automation wird der Innendienst bei der Bearbeitung der von Kunden initiierten Kontakte unterstützt, während der Außendienst schwerpunktmäßig bei administrativen Aufgaben Unterstützung erfährt. Dabei sind einige Funktionen des Vertriebs- und Serviceaußendienstes ähnlich, es können die gleichen Funktionen genutzt werden[227].

Für die folgenden Anwendungsfälle soll dieses Szenario gelten:

Die Firma CopyMax GmbH produziert und vertreibt Kopierer. Für die Geräte bietet sie einen Vor-Ort Service an. Dieser wird von Außendiensttechnikern geleistet, die durch einen Serviceinnendienst unterstützt werden. Es ist bereits ein integratives CRM System im Einsatz, welches durch eine mobile Komponente ergänzt werden soll.

3.2.1   Handbücher

Der Kunde meldet einen Servicefall im Serviceinnendienst der CopyMax GmbH. Diese erstellt einen Serviceauftrag und ordnet den Auftrag einem Techniker zu, und der Termin erscheint im Kalender des Technikers. Er wird dann die Aufträge abarbeiten und die Kunden besuchen.

---

[223] → Vgl. myTracks (2011) → **Screenshot siehe Anhang**
[224] Vgl. Reiners (2004), S.74 ff
[225] Vgl. Gnosa (2007), S. 61
[226] Vgl. Hippner et al. (2006 b), S. 90
[227] Vgl. Hippner et al. (2006 a), S. 61

Für das Unternehmen liegt ein Einsparpotential vor, wenn die Außendiensttechniker die Handbücher und Dokumente zu den Kopierern nicht in ausgedruckter Form mitführen müssen, sondern online abrufen können. Das hat den Vorteil, dass die Dokumente immer auf dem aktuellsten Stand sind. Außerdem wird vor dem Außendienstbesuch Zeit für die Vorbereitung eingespart. Die Verwaltung von Dokumenten ist eine Funktionalität im Bereich des integrativen CRM. Dafür werden DMS (Document Management Systems) eingesetzt[228]. Dokumenten Management Systeme bilden einen Bestandteil des ECM (Enterprise Content Management)[229]. Ein bekanntes ECM System ist Alfresco. Es lässt sich z.B. in die SAP Landschaft integrieren[230]. Es werden eine kostenpflichtige Enterprise Edition und eine Open-Source lizensierte Community Edition angeboten. Seit Version 3.2 gibt es einen IPhone Client, der über Content Management Funktionen einen Zugriff auf die Dokumentenbibliothek eines Unternehmens bereitstellen kann. Der Endanwender profitiert daher vom mobilen Mehrwert der Allgegenwärtigkeit, da er jederzeit und von überall aus auf die Dokumente zugreifen kann[231].

Ein weiterer mobiler Mehrwert, der im Zusammenhang mit Servicehandbüchern ausgenutzt werden kann, ist die Kontextsensitivität. Diese wird realisiert durch die Verwendung von Augmented Reality Anwendungen[232]. Der Techniker könnte auf seinem mobilen Endgerät ein Bild von dem zu reparierenden Gerät aufnehmen, ergänzt um Zusatzinformationen wie z.B. eine interaktive Anleitung[233].

3.2.2 Case Management

Durch mobiles CRM hat der Außendiensttechniker jederzeit Zugriff auf die Kontakthistorie für den jeweiligen Kunden. Er kann also für einen Servicefall nachvollziehen ob das Problem bereits aufgetreten ist, und welche Lösungsschritte bereits unternommen wurden. Das CRM System von Sugar bietet eine solche Funktion, die auch mobil aufgerufen werden kann[234]. Der Anwender profitiert hier wiederum von dem Mehrwert der Allgegenwertigkeit. Für Unternehmen lassen sich auf diese Weise Prozesskosten einsparen, weil Rückfragen entfallen.

Weitere Prozesskosten für Unternehmen ließen sich einsparen, wenn der Techniker vor Ort prüfen kann, ob es sich bei dem Serviceauftrag um einen Garantiefall handelt oder nicht. Der Kunde kann dann über anfallende Kosten informiert werden. Weiterhin wäre es denkbar auf Eskalationsmechanismen zurückzugreifen. Diese könnten durch das mobile

---

[228] Vgl. Schulze (2002), S. 31
[229] Vgl. Riggert (2009), S. 6
[230] Vgl. itnovum (2010)
[231] Vgl. Alfresco (2011) → **Screenshot siehe Anhang**
[232] Vgl. Kapitel 2.1.2.2
[233] Vgl. Müller et al. (2009), S. 220
[234] Vgl. SugarCRM (2011 g)

Endgerät angestoßen werden und z.B. einen Vorgesetzten um eine Entscheidung bitten[235], einen Servicefall auf Kulanzbasis zu bearbeiten. Dadurch könnte die Kundenzufriedenheit gesteigert werden.

3.2.3 Datenaustausch

Durch die Ausnutzung des mobilen Mehrwertes der Telemetriefunktion lassen sich im Bereich des Außendiensts durch Einführung eines mobilen CRM Einsparpotentiale erzielen. Ein Techniker könnte Diagnosedaten eines defekten Gerätes auf sein mobiles Endgerät übertragen lassen, und zu Auswertung an den Serviceinnendienst weiterleiten. Dadurch kann die Fehlerfindung beschleunigt werden.

Ein weiterer Ansatzpunkt wäre die Nutzung von Remote Desktop Applikationen auf dem mobilen Endgerät. Durch Sie lassen sich andere Computer fernsteuern. Ein Beispiel wäre das Tool Teamviewer, welches die Fernsteuerung von PCs und Servern auch von mobilen Endgeräten aus erlaubt. Es ist Für IPhone, iPad und Android verfügbar[236]. Aufgrund der stark abweichenden Auflösung von PCs und mobilen Endgeräten empfiehlt sich in diesem Zusammenhang die Verwendung des iPads, da dieses über ein großes Display verfügt.

3.3 Marketing

Der Marketing Aspekt des mobilen CRM richtet sich vor allen Dingen an die Kunden des Unternehmens als primäre Adressaten. Aufgrund des Verbreitungsgrades[237] von mobilen Endgeräten sind diese im Rahmen eines Multi-Channel-Marketings einzubeziehen. Dadurch können bereits bewährte Kanäle unterstützt werden[238]. Aber auch die Verwendung weiterer Ansätze im Bereich der mobilen Technologien birgt ein Potential für Unternehmen.

Für die Untersuchung dieses Potentials soll für die Anwendungsfälle folgendes Szenario Gültigkeit haben:

Die LEHMax GmbH ist ein Einzelhandelsunternehmen mit deutschlandweit 500 Filialen und verkauft Artikel aus dem Food und Non-Food Bereich.

3.3.1 Mobile Marketing

„Mobile Marketing ist die grundlegende Strategie für die Werbung auf ein mobiles Endgerät[239]."

Grundsätzlich kann im Bereich des mobilen Marketings zwischen dem Push- und dem Pull-Marketing unterschieden werden. Pull bezeichnet dabei Maßnahmen, die die Aktion eines

---

[235] Vgl. salesforce.com (2011 h)
[236] Vgl. TeamViewer (2011) **→ Screenshot siehe Anhang**
[237] Vgl Kapitel 2.1.4
[238] Vgl. Silberer (2004), S.465
[239] Reust (2010), S. 57

Nutzers auslösen. Klassisches Beispiel ist hierbei das SMS-Gewinnspiel, bei dem der Nutzer seine Antwort auf eine Quizfrage per SMS versendet. Push hingegen bezeichnen Maßnahmen, bei denen dem Nutzer Informationen, z.B. in Form eines Newsletters bereitgestellt werden[240].

In Bezug auf das Pull-Marketing kann das Unternehmen von der Identifizierungsfunktion als mobilen Mehrwert profitieren, indem die Rückmeldung den Kunden entsprechend zugeordnet werden kann. Für das Push-Marketing profitiert die LEHMax GmbH ebenfalls von der Identifizierungsfunktion, da sich Kampagnen an spezielle Zielgruppen richten lasten, z.B. an Personen, die aufgrund ihres jungen Alters mobiler Werbung positiver gegenüberstehen als Mitglieder anderer Altersgruppen[241]. Es kann für Unternehmen ein Einsparpotential erzielt werden, da sich Kampagnen an kleinere, dafür aber genauer definierte Zielgruppen richten können. Außerdem entfallen Printkosten für Werbematerial[242].

3.3.2   Social Media

Soziale Netzwerke haben in den letzten Jahren weitgehend an Bedeutung gewonnen. Ein Beispiel ist das 500 [243]Millionen Nutzer umspannende Netzwerk Facebook. Untersuchungen über die Verweildauer zeigen die Wichtigkeit dieser Netzwerke. Deutsche Teilnehmer verbringen im Schnitt ca. 250 Minuten im Monat auf der Seite, Amerikanische Nutzer sogar über 400 Minuten durchschnittlich im Monat[244]. Mittlerweile hat facebook.com sogar Google.com als wichtigste Website in den USA abgelöst, und war in den USA im Jahr 2010 die meistaufgerufene Seite[245]. Alleine diese Tatsachen machen Soziale Netzwerke zu einem interessanten Kanal für das CRM. Außerdem bieten diese Netzwerke ebenfalls einen mobilen Zugang. Im Fall von Facebook Nutzen 200 Millionen Nutzer das Netzwerk mobil[246]. Dazu kann entweder über den Browser des mobilen Endgeräts die Seite aufgerufen werden, oder über die Verwendung einer eigenen App. Dies ist unter anderem für Android, iPhone und BlackBerry verfügbar[247].

Die Abgabe von Statusmeldungen ist dabei eine Funktion von Facebook, die auch mobil erfolgen kann. Diese können von anderen Personen kommentiert werden, bzw. kann eine positive Bewertung durch den „Like" Button erfolgen. Darüber hinaus bietet der mobile Zugriff auf Facebook die Funktion, seine jetzige Position für die anderen Teilnehmer sichtbar zu machen. Zur Positionsabgabe können Kommentare hinzugefügt werden. Diese

---

[240] Vgl. Schäfer (2005), S. 396
[241] Vgl. Wirtz et al. (2008), S. 173
[242] Vgl. Reust (2010), S. 57
[243] Vgl. facebook.com (2011 a)
[244] Vgl. statista (2011)
[245] Vgl. hitwise (2011)
[246] Vgl. facebook.com (2011 a)
[247] Vgl. facebook.com (2011 b)

Funktion wurde mit dem Start des Dienstes Facebook Places zur mobilen Anwendung von Facebook hinzugefügt. Die Nutzer können dabei in einen bereits im Netzwerk hinterlegten Ort einchecken, indem Sie ihn aus einer Liste auswählen. Diese Liste präsentiert nur Einträge in der näheren Umgebung, und profitiert daher von dem mobilen Mehrwert der Kontextsensitivität. Zum Start von Places wurden bereits viele Orte (z.B. Geschäfte, Sehenswürdigkeiten, usw.) von Facebook importiert. Der Nutzer selbst hat jedoch ebenfalls die Möglichkeit einen Ort neu anzulegen.

Unternehmen haben die Möglichkeit, Orte zu beanspruchen und mit Ihrer Unternehmensseite in Facebook zu verlinken. Dabei ist jedoch zu beachten, dass dies eine 1-zu-1 Zuordnung ist, für die LEHMax GmbH müsste also jede Filiale in Facebook angelegt werden. Ist die Zusammenführung erfolgt, kann das Unternehmen jedoch die Anzahl der Besuche, sowie die Kommentare während dieser Besuche auswerten[248]. Das Potential für Unternehmen ist in diesem Zusammenhang eher nicht-monetär, trägt aber zur Steigerung des Erkenntnissgewinns über die jeweiligen Kunden bei. Dies wird durch Nutzung des mobilen Mehrwerts der Identifizierungsfunktion realisiert.

Für Unternehmen bietet der Dienst Places jedoch noch zusätzliches Potential, indem Sie für ihre verknüpften Orte Angebote hinterlegen. Im Moment sind vier Angebotstypen möglich.

1.	Das individuelle Angebot wird beim Besuchen des Ortes aktiviert und kann z.B. dazu dienen einen Rabatt für den Kunden zu gewähren.
2.	Das Gruppenangebot kann nur in Anspruch genommen werden, wenn Freunde, die sich ebenfalls an dem Ort befinden markiert werden. Dadurch kann der Bekanntheitsgrad des Ortes gesteigert werden.
3.	Das Treueangebot lässt sich erst in Anspruch nehmen, wenn der Ort durch den Nutzer in einer festgelegten Häufigkeit besucht wurde.
4.	Das Wohltätigkeitsangebot gibt Unternehmen die Möglichkeit, eine Spende für jeden Besuch zu entrichten.

Tabelle 8 Angebotstypen bei Facebook[249]

Alle vier Angebote können einen umsatzsteigernden Effekt für das Unternehmen haben, da die Kunden einen Anreiz haben den Point of Sale zu besuchen, sogar mit erhöhter Frequenz oder in einer Gruppe.

Dabei ist die Einrichtung von Angeboten kostenlos. Dies bedeutet ebenfalls Einsparpotential für Unternehmen, da Gutscheine nicht gedruckt und distribuiert werden müssen. Es können Standardfunktionen von Facebook genutzt werden, z.B. die Statusmeldung um das Angebot zu promoten. Außerdem wird der User über sein mobiles Endgerät Informiert, sobald er sich einem Ort nähert, für den ein mobiles Angebot hinterlegt

---

[248] Vgl. facebook.com (2011 d)
[249] Vgl. facebook.com (2011 e) → **Screenshot siehe Anhang**

ist. Zu beachten ist jedoch, dass das Angebot für jede Filiale eingepflegt werden muss, was einen erhöhten Administrationsaufwand bedeutet[250].

3.3.3   Data Mining mittels APPs

Wie bereits erwähnt, sind mobile Apps Erfolgsfaktoren für die Verbreitung von Smartphones. Viele Unternehmen haben mittlerweile den Mehrwert dieser Apps erkannt, und bieten eigene Apps an. Im Rahmen des mobilen Marketings im Einzelhandel bieten fast alle der großen Einzelhandelskonzerne (Real, Netto, Penny, Edeka) eine mobile App an. Diese Apps eignen sich im Rahmen des Mobile CRM zur Generierung von Potentialen für das Unternehmen. Zum einen eigenen sich diese Apps, um die Kunden über Angebote zu informieren [251]und somit den Umsatz zu steigern.

Darüber hinaus können mobile Apps dazu genutzt werden, um mittels Data Mining mehr über den Kunden zu erfahren, und somit langfristig gesehen den Kundenwert zu erhöhen. Andere Anbieter erlauben den Nutzern Einkaufslisten zu pflegen und diese wiederzuverwenden[252]. Der Kunde profitiert in diesem Zusammenhang von dem Mehrwert der Allgegenwärtigkeit, für das Unternehmen können über den Mehrwert der Identifizierungsfunktion die Präferenzen der Kunden ausgewertet werden, um in der Konsequenz zu versuchen, den Umsatz mittels Cross- oder Upselling zu steigern[253].

Ein weiteres Anwendungsfeld zur Steigerung des Umsatzes ist das Mobile Couponing. Die Unternehmen stellen den Kunden Gutscheine zur Verfügung, die am Point of Sales eingelöst werden können. Diese Maßnahme eignet sich zur Umsatzsteigerung[254]. Außerdem auf diesem Wege weiter Informationen über das Kaufverhalten gewonnen werden, analog zu dem Dienst Payback, der ein ähnliches Konzept verfolgt[255].

Für Unternehmen können Auswertungen von Interesse sein, die die Daten kombinieren, also z.B. ob Kunden, die für gewöhnlich ein spezielles Produkt auf ihrer Einkaufsliste haben, sich zum Kauf eines vergleichbaren Produktes zu einem niedrigeren Preis hinreißen lassen, also einer gewissen Preiselastizität unterliegen[256].

Weiterhin versuchen die Anbieter sich zu differenzieren, indem sie versuchen, einen zusätzlichen Mehrwert für den Kunden zu schaffen. Im Falle von Netto ist dies eine Funktion zur Sicherung von Adresseinträgen des mobilen Endgerätes[257].

---

[250] Vgl. facebook.com (2011 f)
[251] Vgl. Edeka (2011) → **Screenshot siehe Anhang**
[252] Vgl. Netto (2011 a) → **Screenshot siehe Anhang**
[253] Vgl. Berge et al. (2010), S. 32
[254] Vgl. Koch et al. (2010), S. 67
[255] Vgl. Dannenberg et al. (2004), S. 167
[256] Vgl. Pindyck et al. (2009), S. 520
[257] Vgl. Netto (2011 b)

3.4 Übersicht

	Mehrwerte				Potentiale		
	Ubiquität	Kontext-sensitivität	Identifizierung	Tele-metrie	Einsparung	Umsatz-steigerung	Nicht monetäre Effekte
Vertrieb							
Datenerfassung	◐	○	◐	○	● mittel	○	○
Information über Kunden	◐	◐	○	○	● niedrig	● hoch	● mittel
Navigation/Routenplanung	○	◐	○	◐	● mittel	● niedrig	● niedrig
Service							
Handbücher	◐	◐	○	○	● mittel	○	○
Case Management	◐	○	○	○	● niedrig	○	● niedrig
Datentausch	○	○	○	◐	● mittel	○	○
Marketing							
Mobile Marketing	○	○	◐	○	● hoch	○	○
Social Media	○	○	◐	○	● hoch	● hoch	● niedrig
Data Mining mit Apps	◑	○	◐	○	○	● hoch	○

○ Keine Realisierung   ● hoch

◑ Kunde profitiert   ● mittel

◐ Unternehmen profitiert   ● niedrig

Tabelle 9 Realisierung der Mehrwerte und Potentiale[258]

Tabelle 9 fasst die Erkenntnisse des Kapitels 3 Zusammen und bietet einen Überblick der realisierbaren Mehrwerte und Potentiale durch Mobile CRM.

---

[258] Quelle: Eigene Darstellung

4 Fallbeispiel SugarCRM

Inhalt dieses Hauptkapitels ist die praktische Umsetzung eines mobilen CRM. Dabei sollen festgelegte Anforderungen im System testweise umgesetzt werden. Die Durchführung der Fallstudie wird mit Screenshots dokumentiert und ist dieser Ausarbeitung angehängt.

4.1 Konzeption

Für die Implementierung des CRM Systems werden im Vorfeld einige Rahmenbedingungen festgelegt.

4.1.1 Editionen

Wie bereits erwähnt, ist SugarCRM in verschiedenen Editionen verfügbar. Für die Durchführung der Fallstudie wird die zunächst die Professional Edition verwendet. Der Hersteller gewährt für diese Edition eine Testperiode von 30 Tagen. Diese Version bietet neben der überarbeiteten Oberfläche der Version 6 den Zugriff über mobile an. Eine Übersicht über alle Edition befindet sich im Anhang Kapitel 2.

4.1.2 Szenario

Für die Überprüfung des Funktionsumfangs und die Durchführung des Fallbeispiels soll das Szenario aus *Kapitel 3.1 Vertrieb* Verwendung finden. Zielsetzung ist die Unterstützung des Außendienstes der KeraMax GmbH in folgenden Bereichen:

Bereich	Anforderung
Geschäftspartner	Mobile Anzeige von Geschäftspartnerdaten • Anzeige der Branche mit individuellen Wertelisteneinträgen (Architektur /Baumarkt) • Mobile Anzeige von verknüpften Daten von Geschäftspartnern wie z.B. Verkaufschancen
Verkaufschancen / Opportunities	• Mobile Anzeige von Verkaufschancen • Mobile Anlage von Verkaufschance
Aktivitäten	• Kalendersynchronisation mit dem mobilen Endgerät • Mobile Terminanlage

Tabelle 10 Anforderungen der Fallstudie[259]

4.1.3 Technologie

SugarCRM basiert auf der Skriptsprache PHP. Im ersten Schritt wurde Sugar als LAMP(Linux Apache MySQL PHP) Anwendung entwickelt. Im Laufe der Versionshistorie wurde jedoch die Unterstützung für andere Betriebssysteme, konkret Windows und MacOS hinzugefügt. SugarCRM basiert auf der mySQL Datenbank, kann aber in der Community Edition auch mit MSSQL betrieben werden. Die Enterprise Edition kann zusätzlich noch mit

---

[259] Quelle: Eigene Darstellung

Oracle Datenbanken ab Version 8 betrieben werden. Als Webserver kommt in der ursprünglichen Version Apache zum Einsatz, es kann aber auch der Internet Information Server (IIS) von Microsoft eingesetzt werden[260].

Für die Durchführung der Fallstudie gelten folgende technologischen Voraussetzungen:

HOST SYSTEM	
Hardware	Software
<ul><li>Intel Core i7 870 2,93 GHz</li><li>6 GB RAM</li></ul>	<ul><li>Hostbetriebssystem Windows 7 Home Premium</li><li>Oracle Virtualbox 4.0 r69151</li><li>Firefox Browser 3.1.6.13</li></ul>
GUEST SYSTEM	
Zugewiesene Hardware (Virtuelle Maschine)	Software (Virtuelle Maschine)
<ul><li>2 GB Ram</li><li>4 CPUs</li><li>128 MB VRAM</li></ul>	<ul><li>Gastbetriebssystem Windows XP SP 3</li><li>JDK</li><li>Android Device<ul><li>Android SDK r.08 → Emulator</li><li>Android 2.2 – API Level 8</li></ul></li><li>Outlook 2003</li></ul>

Tabelle 11 Technologische Voraussetzungen[261]

4.2 Implementierung

Folgendes Kapitel beschreibt die Implementierung des Systems für das festgelegte Szenario.

4.2.1 Installation

Die für die Durchführung der Fallstudie verwendete Professional Edition wird von Sugar als Cloud Anwendung zur Verfügung gestellt. Nach Durchführung einer Registrierung wird eine Testinstanz mit einer individuellen URL erstellt. Für den Login sind bereits User mit verschiedenen Profilen angelegt. Das mobile Endgerät kann in einem von Android zur Verfügung gestellten Emulator getestet werden. Dazu ist es notwendig, das Android SDK (Software Development Kit) zu installieren. Für die Implementierung der Kalenderfunktion kommen zusätzlich Microsoft Outlook, sowie unterschiedliche Tools zur Realisierung der Synchronisierungsfunktionen.

4.2.2 Customizing

Die Anpassung von SugarCRM erfolgt über eine Administrationsoberfläche. Dort werden die änderbaren Einstellungen angezeigt. Über diesen Dialog können grundlegende Einstellungen, wie z.B. die Währung oder die Formatierung des Datums vorgenommen werden. Darüber hinaus können Wertelisten angepasst und erweitert werden. Außerdem

---

[260] Vgl. SugarCRM (2011 h)
[261] Quelle: Eigene Darstellung

sind Änderungen an der Applikation möglich, z.B. das Hinzufügen neuer Felder, das Umbenennen von Feldbezeichnungen oder das Anpassen der Darstellung der Felder über die Pflege der Layout Optionen, für die Listenansicht, die Detailansicht oder die Bearbeitungsansicht. Außerdem können die mobilen Ansichten nach den individuellen Anforderungen verändert werden. Für die Umsetzung der Anforderungen aus Kapitel 4.1.2 soll lediglich auf Customizing zurückgegriffen werden. Die Programmierung von individuellen Funktionen im Rahmen der Fallstudie ist nicht vorgesehen.

4.2.3   Stammdaten

Für die Testinstanz sind bereits zum Zeitpunkt der Erstellung Stammdaten hinterlegt. Dadurch wird der Test erleichtert, da eine realistischere Einschätzung des Funktionsumfangs möglich ist, ohne Zeit darauf zu verwenden, zuerst Testdaten zu erzeugen. Diese Testdaten umfassen u.a. Firmendaten, Aktivitäten, Kontaktpersonen, Produkte und Verkaufschancen und Angebote.

4.2.4   Mobile Komponente

Der mobile Zugriff auf SugarCRM ist zum einen über den Browser des mobilen Endgerätes, sowie über eine separate IPhone App möglich. Für die Fallstudie wurde die erste Möglichkeit gewählt, da zum Testen der IPhone App keine technologische Möglichkeit, außer die Nutzung eines physikalischen Endgerätes, besteht[262].

Der Vorteil bei der Nutzung der mobilen Komponente über eine Web Oberfläche liegt in erster Linie in der Unabhängigkeit von Apps, die nur für spezifische Hardwareplattformen angeboten werden. Nachteilig ist jedoch, dass es keine direkte Verknüpfung zu den Funktionen des mobilen Endgerätes, wie z.B. eine automatische Übernahme von Kontaktdaten in das interne Adressbuch, gibt.

Die mobile Komponente von SugarCRM ist keine 1:1 Umsetzung der Weboberfläche. Die Darstellung der Daten ist dabei verkürzt und auf ausgewählte Felder beschränkt. Sinnvolle Funktionen, wie z.B. ein interner Speicher, der die letzten geöffneten Datensätze zur Bearbeitung vorschlägt, sollen die Bedienung erleichtern.

4.2.5   Funktionen

Im Rahmen der Fallstudie werden folgende Funktionen untersucht, insbesondere auf die Fähigkeiten in Bezug auf eine mobile Unterstützung des Vertriebs.

---

[262] Apple stellt lediglich einen Simulator bereit, in dem sich eigene Applikationen testen lassen. Ein hinzufügen von Apps aus dem Appstore ist nicht möglich. Im Gegensatz dazu bietet Android einen Emulator, der die tatsächlichen Eigenschaften des mobilen Endgerätes, inklusive der Möglichkeit zum Testen von Applikationen, am PC wiedergibt.

Grundsätzlich ist SugarCRM eine Webanwendung und über den Browser verfügbar.

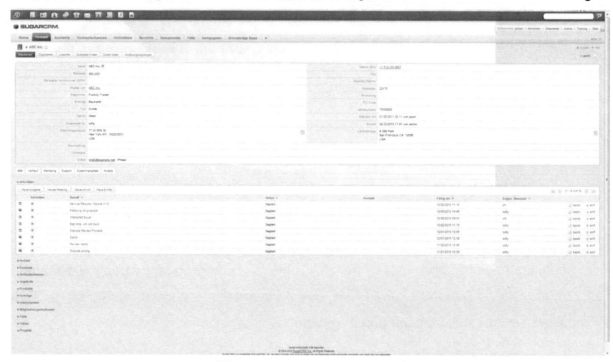

Abbildung 3 Firmen Detailansicht[263]

Die einzelnen Funktionen (z.B. Verkaufschancen, Firmen) werden bei SugarCRM als Module bezeichnet. Diese werden zur Navigation als Tabs dargestellt. Darunter werden Aktionen zu dem jeweiligen Datensatz angeboten, z.B. das Umschalten in den Bearbeitungsmodus. Im darunter liegenden Bereich werden die Detailinformationen für den jeweiligen Datensatz angezeigt. Den unteren Teil der Seite nehmen die aufklappbaren Subpannels ein, die mit dem Datensatz verknüpfte Elemente, wie z.B. Verkaufschancen oder Aktivitäten, Anzeigen. Eine Schnellzugriffsleiste ganz oben bietet Zugriff auf ausgewählte Aktionen, welche mittels überlagerndem Popup angezeigt werden.

Beim Aufrufen eines Moduls ist eine Listenansicht vorgeschaltet, die alle Datensätze des jeweiligen Moduls gemäß der Berechtigung des Nutzers anzeigt. Standardmäßig ist eine einfache Suche über die Liste nach dem z.B. nach dem Firmennamen möglich. Alternativ kann ein erweiterter Suchdialog eingeblendet werden.

4.2.5.1   Geschäftspartner

SugarCRM bietet die Möglichkeit, Geschäftspartnerdaten zu pflegen und zu verwalten. Es existieren Ansichten zur Suche, zur Anzeige und zur Anlage von Geschäftspartnern.

---

[263] Quelle: Screenshot aus SugarCRM Testsystem

Kapitel 4. Fallbeispiel SugarCRM

Abbildung 4 Mobile Ansicht Geschäftspartner [263]

Für die Umsetzung der Anforderungen muss zunächst die mobile Detailansicht der Geschäftspartner angepasst werden. Dies geschieht über die in Unterkapitel 4.2.2 beschriebene Administrationsoberfläche. Die gewünschten Felder können mittels eines Dialogs eingeblendet werden. Zu beachten ist allerding, dass die Übersichtlichkeit abnimmt, je mehr Felder in der mobilen Ansicht angezeigt werden. Nachdem die Änderung durchgeführt und freigeschaltet wurde, müssen die geforderten Wertelisteneinträge gepflegt werden. Dies geschieht ebenfalls über die Administrationsoberfläche. Es ist möglich, die Wertelisten über einen Dialog direkt zu pflegen und in eine Gewünschte Reihenfolge zu bringen. Dabei ist zu beachten, dass Wertelisteneinträge immer direkt in allen angewendeten Sprachen gepflegt werden. Der genaue Ablauf ist im Kapitel 1.1 des Anhangs dokumentiert.

4.2.5.2 Opportunities

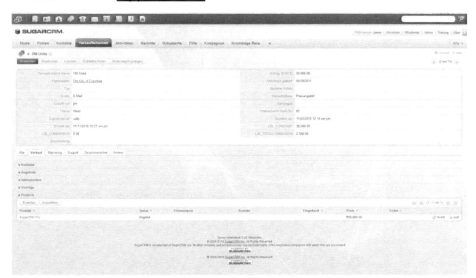

In SugarCRM können Verkaufschancen über die Oberfläche verwaltet werden. Es können Stammdaten erfasst, und andere Objekte, wie z.B. Kunden zugeordnet werden. Der

Abbildung 5 Opportunity Detailansicht[264]

erwartete Umsatz wird manuell erfasst. Die Höhe des erwarteten Umsatzes multipliziert mit der Eintrittswahrscheinlichkeit spiegelt den Wert der Verkaufschance für das Unternehmen wieder und kann mittels einer Pipeline Ansicht dargestellt werden. Werden Produkte zu der Verkaufschance hinzugefügt, so hat dies keine unmittelbare Auswirkung auf den erwarteten Umsatz in der Detailansicht. Diese Funktion kann nicht mittels des „Studio" Dialogs hinzugefügt werden, da berechnete Felder nur innerhalb des Modules „Verkaufschance" erstellt werden können. Für die Umsetzung dieser Anforderung wäre also Programmierung erforderlich.

---

[264] Quelle: Screenshot aus SugarCRM Testsystem

Die Unterstützung von Verkaufschancen auf mobilen Endgeräten ist ebenfalls nur teilweise gegeben. Zwar können Verkaufschancen in der mobilen Ansicht gesucht, angezeigt und bearbeitet werden, das Erstellen neuer Verkaufschancen ist jedoch nicht möglich.

Im Rahmen der Fallstudie wird ein Workaround via Google Docs und CSV Import aufgezeigt, mit dem Medienbrüche vermieden werden können. Der genaue Ablauf des Customizings und des CSV-Imports sind im Anhang unter Kapitel 1.2 zu finden.

4.2.5.3 Aktivitäten

Von zentraler Bedeutung in einem CRM System ist die Unterstützung bei der Durchführung von Aktivitäten. Grundsätzlich können in SugarCRM Aktivitäten verschiedener Ausprägungen (Meeting, Aufgabe, Telefonanruf) erfasst werde. Diese können ebenfalls über die mobile Ansicht aufgerufen werden. Für erhöhten Komfort sorgt die Darstellung von Terminen durch den integrierten Android Kalender. Die Umsetzung ist in der Fallstudie im Anhang unter Kapitel 1.3 dokumentiert. Da es ohne die Verwendung von Zusatzprodukten nicht möglich ist, SugarCRM direkt mit Google Mail bzw. Google Calendar zu verbinden, wurde der *Umweg* über Outlook gewählt.

4.3 Bewertung der Fallstudie

Bereich	Anforderung	Kommentar
Geschäfts-partner	Mobile Anzeige von Geschäftspartnerdaten • Anzeige der Branche mit individuellen Wertelisteneinträgen (Architektur/Baumarkt) • Mobile Anzeige von Verknüpften Daten von Geschäftspartnern wie z.B. Verkaufschancen	Die Anforderungen konnten in vollem Umfang umgesetzt werden.
Verkaufs-chancen / Oppor-tunities	• Mobile Anzeige von Verkaufschancen • Mobile Anlage von Verkaufschance	Für diesen Bereich konnten die Anforderungen nur teilweise umgesetzt werden, Es wurde ein Workaround *CSV Import* erarbeitet.
Aktivitäten	• Kalendersynchronisation mit dem mobilen Endgerät • Mobile Terminanlage	Die Anforderungen konnten unter Verwendung von Zusatztools umgesetzt werden.

Tabelle 12 Bewertung der Fallstudie[265]

SugarCRM stellt mit seiner Administrationsoberfläche ein wirksames Werkzeug zur Anpassung der Anwendung an die Anforderung der Anwender bereit. Der mobile Webzugriff ist bezüglich des Funktionsumfangs ausbaufähig. Außerdem fehlen für den mobilen Zugriff Alternativen zur IPhone App.

---

[265] Quelle: Eigene Darstellung

5 Risiken und Gefahren

Der Betrieb eines mobilen CRM ist an gesetzliche Vorschriften gebunden, die in diesem Hauptkapitel kurz erläutert werden sollen. Zur Wahrung des Datenschutzes und von Geschäftsgeheimnissen sollten Sicherungsmaßnahmen ergriffen werden.

5.1 Gesetzliche Vorschriften

Im Allgemeinen sind beim der Einführung bzw. beim Betrieb eines CRM Systems einige gesetzliche Vorschriften zu beachten. Das Bundesdatenschutzgesetz den Umgang mit personenbezogenen Daten. Unter personenbezogenen Daten versteht der Gesetzgeber *„[…] Einzelangaben über persönliche oder sachliche Verhältnisse einer bestimmten oder bestimmbaren natürlichen Person (Betroffener).*[266]*"* Da diese Daten gerade im CRM Bereich eine entscheidende Rolle spielen, müssen diese gesetzlichen Vorschriften, die z.B. das Erheben, Verarbeiten, Speichern und Übermitteln personenbezogener Daten regeln, unbedingt beachtet werden. Im konkreten Fall müssen gegebenenfalls fachliche Verantwortliche und die Rechtsabteilung des Unternehmens eingebunden werden. Da das CRM eine Beziehung und damit eine Vertrauensbasis zwischen Unternehmen und Kunden schaffen soll, ist in diesem Zusammenhang besondere Sensibilität gefragt[267]. Für neuere Technologien, wie z.B. die GPS gestützte Erstellung von Bewegungsprofilen ist die rechtliche Situation unklar. Zwar dürfen zum heutigen Zeitpunkt Telekommunikationsanbieter Standortdaten nur mit Zustimmung weiterleiten, jedoch sind Dienstanbieter, die dem Telekommunikationsgesetz nicht unterliegen, in der Lage mittels GPS Bewegungsprofile zu erstellen. Ein Gesetzentwurf des Bundesinnenministeriums des Inneren soll hier rechtliche Klarheit schaffen[268]. Für die Überwachung von Mitarbeitern via GPS sieht das Bundesdatenschutzgesetz vor, dass die Erhebung dieser Daten erst einmal erlaubt ist, da es sich um eine Datenerhebung und –Speicherung für eigene Geschäftszwecke nach § 28 handelt. Es kann jedoch auch eine Einwilligung der Betroffenen gewährt werden[269].

Der Einsatz der in Kapitel 2.2.4.4 beschriebenen Software as a Service Lösung hat unter Umständen ebenfalls rechtliche Konsequenzen für das Unternehmen. Die in § 11 des Bundesdatenschutzgesetzes beschriebene Auftragsdatenverarbeitung sehen vor, dass der Auftraggeber, sprich das Unternehmen, für die Einhaltung der gesetzlichen Vorschriften und zur Wahrung des Datenschutzes verantwortlich ist. Es sind daher schriftliche

---

[266] § 3 Abs. 1 Bundesdatenschutzgesetz
[267] Koch et al. (2004), S. 220
[268] Vgl. BMI (2010)
[269] Vgl. Datenschutzbeauftragter-info (2010)

Vereinbarungen notwendig, die durch das Gesetz geregelt sind[270]. Besondere Regelungen gelten für den Fall, dass sich der Dienstanbieter nicht im EU-Ausland befindet[271].

Für den Bereich Marketing gibt es ebenfalls gesetzliche Regelungen. Für die Legitimation für den Versand von beispielsweise Newslettern sieht der Gesetzgeber das sogenannte „Doppelte-Opt-In" Verfahren vor. Dabei muss der Betroffene zunächst sein Interesse bekunden, indem er z.B. ein Kästchen anklickt. Seine Entscheidung bestätigt er durch Antwort auf eine werbeneutrale Email[272]. Für das Mobile CRM bildet dabei die Werbung per SMS eine Ausnahme, zumindest für Telekommunikationsunternehmen. Diese dürfen Text oder Bildmitteilungen an Ihre Kunden versenden, solange diese nicht widersprochen haben[273].

Stellt ein Unternehmen fest, dass Daten unrechtmäßig jemand anderem zugefallen sind, besteht eine Meldepflicht nach § 42a des Bundesdatenschutzgesetzes. Da dies mit Kosten verbunden ist, empfiehlt es sich, durch geeignete technische Maßnahmen, wie z.B. Verschlüsselung, bzw. organisatorische Maßnahmen, Vorkehrungen zu treffen[274].

5.2 Sicherungsmaßnahmen

Da mobile Endgeräte besonders anfällig für Datenverlust sind, sind Sicherungsmaßnahmen sowohl aus den genannten gesetzlichen Gründen, als auch zum Schutz der Geschäftsgeheimnisse zu ergreifen.

5.2.1 Technische Maßnahmen

Der erste Ansatzpunkt für technische Sicherungsmaßnahmen im mobilen CRM ist die Datenübertragung vom mobilen Endgerät. In GSM Netzwerken wird die Kommunikation verschlüsselt. Zwar gibt es verschiedene Angriffsszenarien, GSM bzw. Netzwerke gelten aber weiterhin als sicher[275]. Für die Verwendung von WLAN gelten die in Kapitel 2.1.3.1.3 beschriebenen Verschlüsselungsverfahren. Der Zugriff von einem mobilen Endgerät auf Server des Unternehmensnetzwerkes wird in der Praxis oft über die Verwendung eines Virtual Private Networks implementiert. Dieses stellt die Authentifizierung und Vertraulichkeit über das Verschlüsselungsprotokoll IPSec sicher[276]. Der Anbieter RIM setzt für sein Produkt BlackBerry auf die Verschlüsselungsverfahren Advanced Encryption Standard und Triple Data Encryption Standard für die Datenübertragung zwischen mobilem

---

[270] Vgl. §11 Abs. 1 Bundesdatenschutzgesetz
[271] Vgl. §§4ff Bundesdatenschutzgesetz
[272] Vgl. Kreutzer (2009), S. 341
[273] Vgl. §95 Telekommunikationsgesetz
[274] Vgl. crmmanager (2011)
[275] Vgl. Meier et al. (2009), S. 216f
[276] Vgl. Turowski et al. (2004), S. 126

Gerät und dem BlackBerry Enterprise Server[277]. Daher gilt der BlackBerry als besonders sicher. Ein weiterer Ansatzpunkt für technische Sicherungsmaßnahmen sind die mobilen Endgeräte selbst. Zum einen können die Daten, die auf dem Gerät gespeichert sind, verschlüsselt werden. Diese Option lässt sich auch auf die auf der SD Karte des Endgeräts gespeicherten Daten ausweiten, und lässt sich im Beispiel von BlackBerry leicht konfigurieren[278]. Eine weitere technische Sicherungsmaßnahme ist die Aktivierung eines Sicherheitscodes für das Endgerät. Am Beispiel von BlackBerry lässt sich diese Option auch vom zentralen Administrationsserver aus aktivieren. Der Endanwender muss vor Gebrauch einen Sicherheitscode angeben. Gelingt ihm das in 10 Versuchen nicht, wird das Endgerät komplett gelöscht. Die Sicherheitsabfrage aktiviert sich, wenn das Gerät eine bestimmte Zeit lang nicht benutzt wird[279].

5.2.2 Organisatorische Maßnahmen

Neben den rein technischen Sicherungsmaßnahmen existieren organisatorische Maßnahmen. Zunächst sollte im Unternehmen die Nutzung von mobilen Endgeräten durch Richtlinien geregelt sein, die für die Mitarbeiter Transparenz im Umgang mit den Geräten bringen. Außerdem sollten die bereits dargelegte technische Umsetzung im Vorfeld durch konzeptionelle Maßnahmen geregelt werden. Dies geschieht z.B. durch die Erarbeitung eines Berechtigungskonzeptes bzw. durch Erstellung eines Konzeptes für die Datenhaltung bzw. den gesamten Datenverkehr[280]. Da mobile Endgeräte aufgrund Ihrer geringen Grüße und der Portabilität besonders durch Verlust oder Diebstahl gefährdet sind, sollten auch für diese Fälle spezielle Sicherungsmaßnahmen getroffen werden[281]. Es sollte geregelt werden, wie im Falle des Verlustes eines Gerätes zu reagieren ist. Konkret bedeutet dies z.B. die Einführung eines Alamierungsprozesses bei Verlust des Gerätes[282].

Grundsätzlich sollten die Maßnahmen mit dem Datenschutzbeauftragten des Unternehmens abgestimmt sein. Besonders wirkungsvoll ist in diesem Zusammenhang die Sensibilisierung der Mitarbeiter durch entsprechende Schulungsmaßnahmen[283]. Immerhin ist laut einer Studie des Bundesministeriums für Wirtschaft und Technologie aus dem Jahr 2010 die Hauptgefahrenquelle für die IT-Sicherheit der leichtfertige Umgang von Mitarbeitern mit den Sicherheitsstandards[284].

---

[277] Vgl. BlackBerry (2011 c)
[278] Vgl. BlackBerryInsight (2007)
[279] Vgl. BlackBerry (2011 d)
[280] Vgl. Osterhage (2010), S. 113
[281] Vgl. Lehner (2003), S. 211
[282] Vgl. Osterhage (2010), S. 113
[283] Vgl. Witt (2010)
[284] Vgl. BMWI (2010)

6 Trends und Potentiale

CRM ist einem gesellschaftlichem und technologischem Wandel unterworfen. In diesem Hauptkapitel werden zukünftige Entwicklungen prognostiziert.

6.1 Zukunftsaussichten

Der ständige Technologische Wandel wird sich in neuen Endgeräten und Technologien niederschlagen.

6.1.1 Endgeräte

Seit der Einführung des IPhones im Jahr 2007 hat es eine rasante Entwicklung der mobilen Endgeräte gegeben. Die Leistungsfähigkeit der Endgeräte wurde stark erhöht. Während die erste Generation des IPhones mit einem auf 412 MHz getakteten Prozessor lief[285], arbeitet dass im Februar 2010 erschienene HTC Desire mit einem 1 GHZ Snapdragon Prozessor[286]. Analog zu der Entwicklung im PC Bereich, werden zukünftig auch die Endgeräte Prozessoren mit mehreren Kernen haben, statt sich ein Rennen um immer höhere Taktfrequenzen zu liefern[287].

Ein weiterer Trend sind die neu auf den Markt kommenden Tablets. Große Hersteller wie Motorola, Samsung oder RIM versuchen sich am Markt zu positionieren, nachdem Apple mit dem iPad als Vorreiter in diesem Segment sehr erfolgreich war. Die Hersteller sprechen dabei private aber auch Business Kunden an, beispielsweise wie RIM mit dem Playbook[288]. In engen Zusammenhang mit der Weiterentwicklung der Tablets steht die neuste Version des mobilen Betriebssystems Android 3.0 Honeycomb. Es ist speziell für die Unterstützung von Tablets bzw. Endgeräten mit großen hochauflösenden Displays entwickelt. Durch die Unterstützung der leistungsfähigen Mehrkernprozessoren bietet Android 3.0 eine performante und hochgradig interaktive Oberfläche[289].

Ein weiterer Trend ist die Verbesserung der Displays der mobilen Endgeräte. Der Hersteller Sharp hat ein Display entwickelt, welches 3D Content darstellen kann, und zwar ohne Verwendung einer Shutter Brille, wie sonst im Fernsehbereich üblich. Eine Kamera, die in der Lage ist, stereoskopische Bilder aufzunehmen, könnte sich zukünftig ebenfalls in mobilen Endgeräten wiederfinden[290].

---

[285] Vgl. GSM Arena (2011 a)
[286] Vgl. GSM Arena (2011 b)
[287] Vgl. AreaMobile (2011)
[288] Vgl. CNet (2011)
[289] Vgl. Android (2011)
[290] Vgl. Netzwelt (2010)

Die voranschreitende Entwicklung der mobilen Endgeräte eröffnet dabei im Bereich des CRM neue Anwendungsbereiche, wie z.B. Werbefilme in 3D oder die Unterstützung komplexer und rechenintensiver Anwendungen auf den mobilen Endgeräten.

6.1.2   Übertragungstechnologien

Neben dem Fortschritt im Bereich der mobilen Endgeräte schreitet die Entwicklung im Umfeld der Netzwerkinfrastruktur ebenfalls voran. Ein Beispiel für die Weiterentwicklung ist der Standard LTE, der sich als Nachfolger des UMTS Standards versteht. Er sieht Übertragungsgeschwindigkeiten von bis zu 300 MBit/s vor, und das bei sehr niedrigen Latenzzeiten von nur 5ms. Obwohl die Technik auf eine Fortbewegungsgeschwindigkeit von 0-15 km/h optimiert ist, werden weitaus höhere Fortbewegungsgeschwindigkeiten. Aufgrund der paketorientierten Verbindung wird davon ausgegangen, dass der Stromverbrauch für die Endgeräte gesenkt werden kann[291]. Erste Endgeräte, die diesen Standard unterstützen sind bereits angekündigt[292]. Der Netzbetreiber Vodafone plant bis März 2011 LTE Verbindungen an 1500 Standorten in Deutschland anzubieten[293].

Ein weiterer Standard zur Mobilen Datenübertragung ist WIMAX (Worldwide Interoperability for Microwave Access). Diese Weiterentwicklung des WLAN Standards soll Bandbreiten von 100 MBit/s erlauben, und das über eine Entfernung von 50 km hinweg[294].

Neben den Trends im Bereich der Netzwerke und Übertragungstechniken kündigen sich weitere Innovationen an. Ein Beispiel ist in diesem Zusammenhang das drahtlose Kommunikationsprotokoll für NFC (Near Field Communication). Der 2002 entwickelte Standard soll als kontaktlose Chipkarte fungieren, und ist daher im Bereich des Mobile Payment von großem Interesse[295]. Bisher eher mäßig erfolgreich und nur in wenigen Endgeräten verbaut, könnte die Integration von NFC Komponenten in das neue IPhone 5 das Blatt rasch wenden[296].

Im Zusammenhang mit Übertragungstechnologien sei noch kurz eine Neuheit von HTML 5 erwähnt. In den Spezifikationen wird die Möglichkeit für offline web Applikationen erläutert. In der Praxis wird sich heruntergeladener HTML Content auch verwenden lassen, wenn keine aktive Verbindung zum Internet besteht[297].

---

[291] Vgl. LTE (2011)
[292] Vgl. GSM Arena (2011 c)
[293] Vgl. Vodafone (2011)
[294] Vgl. Schreiner (2009), S. 179
[295] Vgl. Langer et al. (2010), S. 5ff
[296] Vgl. Macnews (2010)
[297] Vgl. W3C (2011)

6.2 Zukünftige Kundenstruktur

Die zukünftige Kundenstruktur der Unternehmen wird sich zum einen aufgrund des demografischen Wandels verändern. Über die reine Änderung der Altersverteilung hinaus ergeben sich jedoch auch Änderungen an der Struktur der Kunden im Umgang mit Medien und Informationen.

6.2.1 Digital Natives

Der Begriff der Digital Natives wurde 2001 von dem amerikanischen Pädagogen Marc Prensky geprägt[298]. Er bezog seine Ausführung zwar auf den pädagogischen Bereich, jedoch lassen sich die Erkenntnisse auch auf den ökonomischen Bereich anwenden.

Als Digital Natives werden Personen bezeichnet, die mit den digitalen Medien aufgewachsen sind. Der englische Begriff „Natives" steht in diesem Fall für „Eingeborene". Personen, die nach 1980 geboren werden dieser Gruppe zugeordnet. Dabei sind unter den Digitalen Medien nicht nur Computer sondern auch MP3 Player, Handys und Videospiele zu verstehen[299].

Prensky gesteht den Digital Natives veränderte kognitive Fähigkeiten zu, z.B. dass sie in der Lage sind, Informationen sehr schnell zu verarbeiten und zwar auch parallel zu anderen Tätigkeiten. Dabei spielt die Form der Informationsaufbereitung eine entscheidende Rolle. Natives bevorzugen Grafiken und einen freien Zugriff auf Informationen, anstatt vorgegebener Strukturen[300]. Bezogen auf das Mobile CRM bedeutet dies, dass die Ansprache der Zielgruppe über digitale Medien erfolgversprechend ist. Der Inhalt der Werbebotschaften sollte berücksichtigen, dass die Gruppe der Digital Natives an Trends und Innovationen interessiert sind[301].

6.2.2 Digital Immigrants

Neben dem Begriff der Digital Natives prägte Prensky ebenfalls den Begriff der Digital Immigrants. Diese Personen haben sich zwar an den Umgang mit den neuen Medien gewöhnt, alte Denkmuster werden aber beibehalten. Ein Beispiel dafür ist, dass Emails ausgedruckt werden um sie zu archivieren[302]. Für das Mobile CRM bedeutet die Ansprache der Immigrants, dass dieser Kanal zwar akzeptiert wird. Jedoch besteht bei den Immigrants das Interesse in erster Linie an Information und Transaktion (z.B. Banking). Im Gegensatz dazu steht bei den Natives die Kommunikation und Kontaktpflege im

---

[298] Vgl. Prensky (2001)
[299] Vgl. Frieling (2010), S. 31
[300] Vgl. Prensky (2001)
[301] Vgl. Frey et al. (2010), S. 37
[302] Prensky (2001)

Vordergrund[303].

6.2.3 Informationsgesellschaft

Der Wandel der Gesellschaft in eine Informationsgesellschaft basiert auf den technischen Trends und Innovationen der letzten Jahrzehnte. Der Begriff war zwar zunächst ideologisch bzw. politisch geprägt, steht aber heute ebenso für die ökonomischen Effekte, welche mit den neuen Technologien einhergingen. Besonders umfangreich waren Änderungen der Prozesse und Strukturen in der Gesellschaft, aber auch in der Wirtschaft. Damit einhergehend waren Änderungen an den Formen der Kommunikation und Informationsverarbeitung innerhalb des öffentlichen und des privaten Bereiches[304].

Für Unternehmen hatten diese Änderungen ebenfalls gravierende Auswirkungen. Schwindende Kundenloyalität und steigende Preistransparenz durch neue Medien wie z.B. das Internet erhöhten den Druck auf die Unternehmen. Daraus der ergab sich ein verstärkter Fokus auf die Kundenbindung und Kundenorientierung[305]. Das Internet hat aber auch dazu beigetragen, dass es eine steigende Vernetzung in der Gesellschaft gibt, und sich Informationen rasch verbreiten lassen[306]. Dabei sind technische Kenntnisse kaum noch notwendig. Im Prinzip ist jeder Nutzer in der Lage, ein Produkt bei Amazon zu bewerten oder einen Blog zu eröffnen, um dort z.B. Produkte aus seiner subjektiven Sicht zu bewerten. Dies wird in der Literatur gelegentlich als Mitmach-Web bezeichnet, häufiger aber unter dem Schlagwort Web 2.0 subsummiert[307].

Die Unternehmen sind also gezwungen, sich mit diesen Themen auseinanderzusetzen, und für Ihre Zwecke zu instrumentalisieren, um weiterhin erfolgreich zu sein und beispielsweise nicht von negativer Publicity in sozialen Netzwerken überrascht zu werden[308]. Der unglaubliche Erfolg des IPhones hat gezeigt, dass der Megatrend der Mobilkommunikation neue Möglichkeiten im Bereich des Anbietens von neuen Diensten und Angeboten ermöglicht. Unternehmen werden sich diesem Trend nicht verschließen können, und müssen ihre CRM Aktivitäten auf den mobilen Bereich ausweiten[309]. Die Informationsgesellschaft steht an der Schwelle zur „mobilen Informationsgesellschaft", was vor allem durch das Zusammenwachsen des Mobilfunks mit dem mobilen Internet begründet ist[310].

---

[303] Vgl. Franz (2010)
[304] Vgl. Piller (2006), S. 30
[305] Vgl. Schulze (2002), S. 2
[306] Vgl. Frieling (2010), S. 52
[307] Vgl. Kollmann et al. (2010), S. 42
[308] Vgl. Hein (2007), S. 74
[309] Vgl. Silberer et al. (2008), S. 151
[310] Vgl. Silberer et al. (2002), S. 572

6.3 Zusammenfassung der Chancen/Risiken sowie Stärken/Schwächen

Die SWOT Analyse in Abbildung 10 fasst die gewonnen Erkenntnisse der Ausarbeitung, sowie die Ergebnisse der durchgeführten Fallstudie zusammen.

Stärken
- Mobile Datenverfügbarkeit
- Zielgerichtetes Marketing
- Unterstützung und Optimierung der vertrieblichen Außendienstaktivitäten
- Unterstützung im Bereich des Außendienstes im Servicebereich

Schwächen
- Abhängigkeit von Online Verbindung
- Keine einheitliche technologische Basis
  - Verschiedene Endgeräte
  - Unterschiedliche Realisierung von mCRM (Apps / Web Apps)

Mobile CRM

Chancen
- Realisierung der mobilen Mehrwerte
  - Allgegenwärtigkeit
  - Kontextsensitivität
  - Identifizierung
  - Telemetrie
- Realisierung der Potentiale
  - Umsatzsteigerung
  - Kostensenkung
  - Nicht monetäre Effekte

Risiken
- Verletzung es Datenschutzes
- Datenverlust
  - Abhören
  - Verlust des Endgerätes
- Mobiles CRM Lösung 1:1 Portierung des bestehenden CRM Systems, ohne Anpassung an mobile Endgeräte

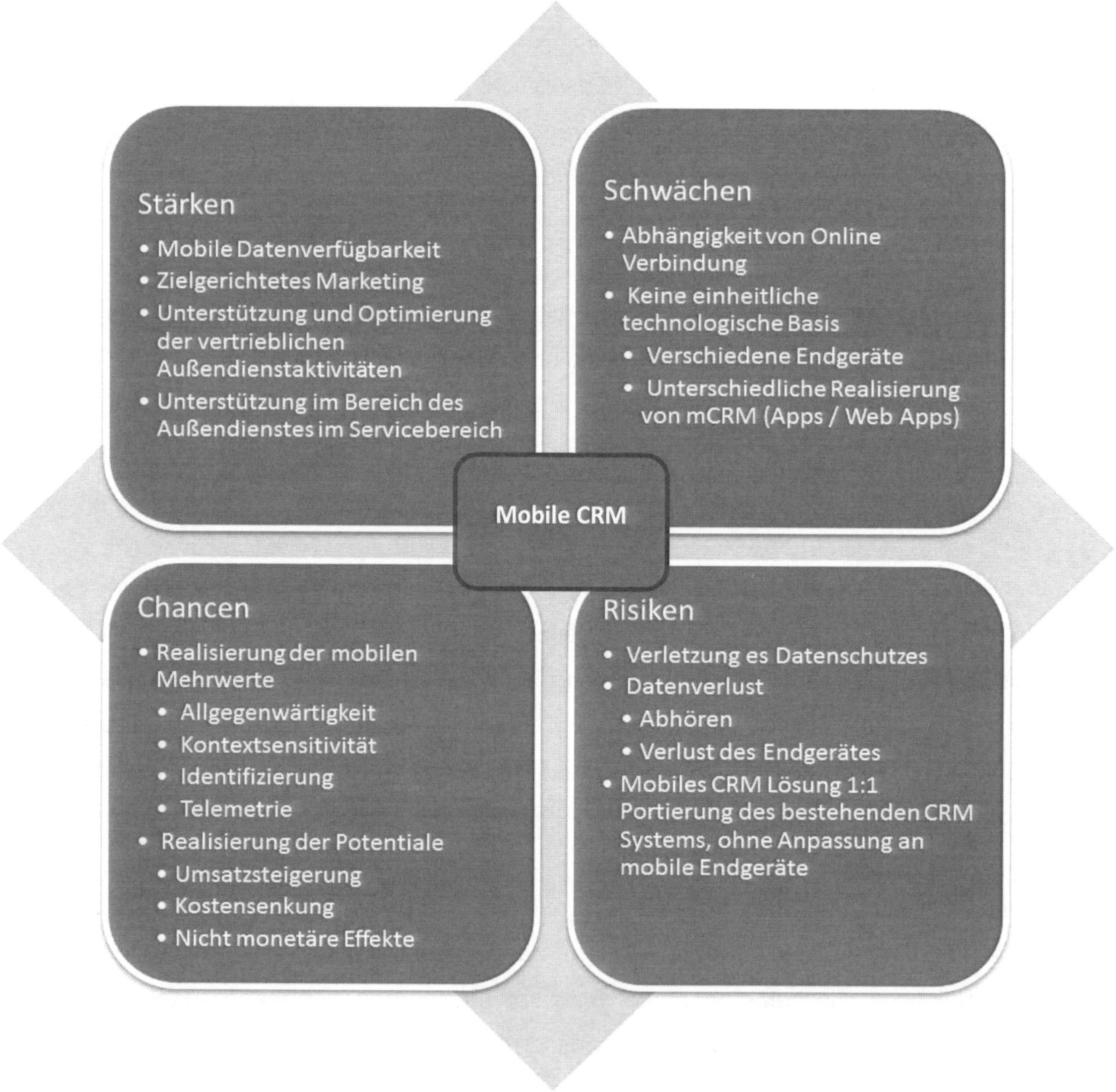

Abbildung 6 SWOT Mobile CRM

---

[311] Quelle: Eigene Darstellung

7 Fazit

Mobile CRM ist in der theoretischen Grundlagenarbeit noch nicht erschöpfend behandelt. Zwar sind Mobile Computing und auch das Customer Relationship Management an sich in der Literatur ausführlich diskutiert, die Zahl der Werke, die die Erkenntnisse aus beiden Bereichen kombiniert, ist vom heutigen Zeitpunkt aus gesehen überschaubar. Damit steht die Literatur gegenüber der realen Entwicklung zurück. Wie die Übersicht über drei in Unterkapitel 2.2.4 beispielhaft ausgewählte Anbieter von CRM Software zeigt, hat das Thema bei den Softwareherstellern bereits Einzug in das Produktportfolio gehalten, obwohl der Reifegrad der Lösungen noch variiert. Je nach Ausrichtung des Unternehmens und Gewichtung der Anforderungen sind die Lösungen jedoch bezogen auf ihren Abdeckungsgrad der Anforderungen nicht weit voneinander entfernt, wie die Nutzwertanalyse am Ende von Kapitel 2.2 beweist.

Für Unternehmen besteht nach Erkenntnissen aus dem Kapitel 2.3.2 ein starkes Interesse an Mobile CRM, die Umsetzung in den einzelnen Unternehmen schreitet voran.

Die heute verfügbaren Endgeräte sind mit ihren in Unterkapitel 2.1.4 beschriebenen Spezifikationen durchaus in der Lage, die in Unterkapitel 2.1.2 erläuterten Mehrwerte zu realisieren. Dabei können ebenfalls nicht nur Mehrwerte für Kunden und Unternehmen geschaffen, sondern auch die Potentiale der Umsatzsteigerung, Kostensenkung und der nicht monetären Effekte realisiert werden.

Die Erreichung eines Mehrwertes und die damit verbundene Realisierung der Potentiale hängt natürlich vom Geschäftsmodell des jeweiligen Unternehmens ab. In der praktischen Analyse müssen unternehmensspezifische Kennzahlen, z.B. Ergebnisse einer Prozesskostenrechnung herangezogen werden, um im Einzelfall die Potentiale genau bewerten zu können. Dennoch bietet Mobile CRM den Unternehmen vielseitige Möglichkeiten, Potentiale zu realisieren und von mobilen Mehrwerten zu profitieren, wie die Darstellung der Anwendungsbereiche aus Kapitel 3 zeigt. In diesem Zusammenhang ist anzumerken, dass einige der Mehrwerte bzw. Potentiale nur durch die Verwendung von zusätzlichen Apps realisiert werden können. Problematisch ist, dass diese Apps in der Regel nur auf bestimmten Endgeräten verfügbar ist. In diesem Zusammenhang sind die Hersteller von mobilen CRM Lösungen gefragt, die entsprechenden Komponenten in das Gesamtsystem zu integrieren.

Positiv anzumerken ist, dass einige der in Kapitel 3 vorgestellten technischen Möglichkeiten kostenlos genutzt werden können (z.B. Google Maps Navigation oder die facebook Angebotsunktion).

Die in Kapitel 4 durchgeführte Fallstudie hat am Beispiel von SugarCRM gezeigt, dass sich ein Mobile CRM mit wenig Aufwand umsetzen lässt. Festzuhalten ist jedoch, dass es sich bei dem Fallbeispiel nicht um komplexe Anforderungen gehandelt hat, sondern um Standardfunktionen einer CRM Lösung. Auch in der Fallstudie wurde deutlich, dass sich einige Anforderungen nur durch die Verwendung unterschiedlicher Tools realisieren lassen.

Mit der Einführung von Mobile CRM sind einige Risiken und Gefahren verbunden, die in Hauptkapitel 5 angeschnitten wurden. Da im CRM personenbezogene Daten verarbeitet werden, sind gesetzliche Vorschriften zwingend zu beachtet. Geeignete Maßnahmen sind in Kapitel 5.2 beschrieben. Besonders hervor tritt die Erkenntnis, dass die Gefahr ein mobiles Endgerät zu verlieren besteht, und daher im Vorfeld ein Maßnahmenplan erarbeitet sein muss. Außerdem sollen die Mitarbeiter entsprechend Sensibilisiert und geschult werden.

Der in Hauptkapitel 6 gegebene Ausblick deutet an, dass die Entwicklung der mobilen Endgeräte weiter voranschreiten wird. Neue Geräte, wie das Playbook, das IPhone 5 und das iPad 2 werden voraussichtlich in 2011 auf den Markt gebracht. Da sich die Kundenstruktur der Unternehmen ebenfalls wandelt und die Akzeptanz und Durchdringung von mobiler Kommunikation weiter ansteigen wird, besteht für die Unternehmen der Bedarf, diese Entwicklung durch mobile CRM zu begleiten und den mobilen Kommunikationskanal entsprechend abzudecken.

Abschließend lässt sich festhalten, dass das Mobile CRM ein weiterer Schritt in der Entwicklung eines umfassenden Kundenbeziehungsmanagements ist. Um der Mobilität der Gesellschaft Rechnung zu tragen, sollten Unternehmen diesen Kanal bei Ihren Aktivitäten zwingend berücksichtigen. Außerdem sollten die Unternehmen die voranschreitende technische Entwicklung für die Unterstützung und Optimierung der eigenen Prozesse nutzen.

Literaturverzeichnis

Alby (2008)	Tom Alby, Das mobile Web, 1. Auflage, Hanser Fachbuch, München 2008, ISBN 3446415076
Alfresco (2011)	Alfresco Mobile Client for Iphone, http://wiki.alfresco.com/wiki/Alfresco_Community_Edition_3.2#Mobile_client_for_iPhones, abgerufen am 07.02.2011
AlfrescoMobile (2011)	Alfersco Mobile Client, http://a1.phobos.apple.com/us/r1000/048/Purple/32/ec/f7/mzl.lwtgovig.320x480-75.jpg abgerufen am 13.02.2011
Android (2010)	Android Plattform, http://developer.android.com/sdk/android-1.5.html#relnotes, abgerufen am 18.01.2011
Android (2011)	Android 3.0, http://developer.android.com/sdk/android-3.0-highlights.html, abgerufen am 30.01.2011
Apple (2010 a)	Apple Reports, http://www.apple.com/pr/library/2010/10/18results.html, abgerufen am 17.01.2011
Apple (2010 b)	iPhone 4 Specs, http://www.apple.com/iphone/specs.html, abgerufen am 04.12.2010
Apple (2010 c)	iPad Specs, http://www.apple.com/de/ipad/specs/, abgerufen am 04.12.2010
Apple (2011 a)	iOS4, http://www.apple.com/iphone/ios4/, abgerufen am 17.01.2011
AreaMobile (2011)	Dualcore Smartphones, http://www.areamobile.de/news/17311-nvidia-dualcore-smartphones-werden-2011-standard, abgerufen am 30.01.2011
Bensberg (2008)	F. Bensberg, Mobile Business Intelligence- Besonderheiten, Potentiale und prozessorientierte Gestaltung , erschienen in Hans H. Bauer (Hrsg.), Thorsten Dirks (Hrsg.), Melchior Bryant (Hrsg.), Erfolgsfaktoren des Mobile Marketing, 1. Auflage, Springer, Berlin 2008, ISBN 3540852956
Berge et al. (2010)	Stefan Berge, Arnbe Buesching, Strategien von Communities im Web 2.0, erschienen in: Gianfranco Walsh (Hrsg.), Berthold H. Hass (Hrsg.), Thomas Kilian (Hrsg.), Web 2.0: Neue Perspektiven für Marketing und Medien, 2. Auflage, Springer, Berlin 2010, ISBN 3642137865
Berry (1983)	Leonard T. Berry, Gregory D. Upah (Hrsg.), Relationship Marketing, 1. Auflage, USA 1983, ISBN 877571619
Birker (2007)	Benjamin Birker, CRM-Soll-Prozesse einer Dialogmarketingaktion in einem Handelsunternehmen, erschienen in: Stefan Helmke (Hrsg.), Matthias F. Uebel (Hrsg.), Wilhelm Dangelmaier (Hrsg.), Effektives Customer Relationship Management: Instrumente - Einführungskonzepte - Organisation, 4. Auflage, Gabler Verlag, Wiesbaden 2007, ISBN 3834904155
Bitkom (2010)	Mobilkommunikation boomt weiter, http://www.bitkom.org/files/documents/BITKOM_Presseinfo_Handyminuten%281%29.pdf, abgerufen am 28.11.2010
Bitkom (2011)	Smartphone Absatz 2011, http://www.bitkom.org/de/markt_statistik/64046_65897.aspx, abgerufen am 02.02.2011
BlackBerry (2011 a)	BlackBerry Devices, http://de.blackberry.com/devices/, abgerufen am 17.01.2011

Literaturverzeichnis

BlackBerry (2011 b)	BlackBerry 6, http://us.blackberry.com/developers/blackberry6/, abgerufen am 17.01.2011
BlackBerry (2011 c)	Security, http://de.blackberry.com/ataglance/security/features.jsp, abgerufen am 01.02.2011
BlackBerry (2011 d)	BlackBerry Security Features, http://de.blackberry.com/ataglance/security/features.jsp, abgerufen am 01.02.2011
BlackBerryInsight (2007)	Secure your BlackBerry, http://www.blackberryinsight.com/2007/12/04/how-to-secure-your-blackberry/, abgerufen am 01.02.2011
BMI (2010)	Datenschutz im Internet http://www.bmi.bund.de/SharedDocs/Downloads/DE/Themen/OED_Verwaltung/Informationsgesellschaft/rote_linie.pdf?__blob=publicationFile, abgerufen am 31.01.2011
BMWI (2010)	IT Sicherheitsbranche in Deutschland, http://www.bmwi.de/BMWi/Redaktion/PDF/Publikationen/Studien/it-sicherheitsbranche-de-aktuelle-lage,property=pdf,bereich=bmwi,sprache=de,rwb=true.pdf, abgerufen am 07.02.2011
Böcker et al. (2001)	Jens Böcker, Sabine Quabeck, Neue Dienstleistungen im Mobile Commerce, erschienen in: Günter Silberer(Hrsg.), Jens Wohlfahrt(Hrsg), Thorsten Wilhelm (Hrsg), Mobile Commerce. Grundlagen, Geschäftsmodelle, Erfolgsfaktoren, 1. Auflage, Gabler Verlag, Wiesbaden 2001, ISBN 3409119051
Brendel (2003)	Michael Brendel, CRM für den Mittelstand: Voraussetzungen und Ideen für die erfolgreiche Implementierung, 2. Auflage, Gabler Verlag, Wiesbaden 2003, ISBN 340921934X
Buxmann et al. (2008)	Peter Buxmann, Heiner Diefenbach, Thomas Hess, Die Software-Industrie: Ökonomische Prinzipien, Strategien, Perspektiven , 1. Auflage, Springer, Berlin 2008, ISBN 3540718281
CNet (2011)	Neue Tablets, http://www.cnet.de/digital-lifestyle/kaufberatung/41545127/die_neuen_tablets_von_der_ces_blackberry_playbook__galaxy_tab_4g__motorola_xoom_co.htm, abgerufen am 30.01.2011
Codd et al. (2003)	E.F. Codd,S.B. Codd, C.T. Salley, Providing OLAP (On-line Analytical Processing) to User-Analysts, 1. Auflage, Codd & Date, San Jose 2003, ISBN
Computerwoche (2007)	SAP CRM, http://www.computerwoche.de/software/erp/1849756/, abgerufen am 30.01.2011
Computerwoche (2010 a)	Aktivierung Android Handys, http://www.computerwoche.de/netzwerke/mobile-wireless/2359928/, abgerufen am 18.01.2011
Computerwoche (2010 b)	Android führt im US-Smartphone-Mark, http://www.computerwoche.de/netzwerke/mobile-wireless/2356654/, abgerufen am 18.01.2011
Computerwoche (2010 c)	CRM SAP, http://www.computerwoche.de/software/crm/1894192/index23.html, abgerufen am 30.01.2011
crmmanager (2011)	Die Novellierung des Bundesdatenschutzgesetzes, http://www.crmmanager.de/magazin/artikel_2236-print_novellierung_bdsg.html, abgerufen am 01.02.2011

Literaturverzeichnis

Dannenberg et al. (2004)	Marius Dannenberg, Anja Ulrich, E-Payment und E-Billing: Elektronische Bezahlsysteme für Mobilfunk und Internet, 1. Auflage, Gabler Verlag, Wiesbaden 2004, ISBN 3409124462
Datenschutzbeauftragter-info (2010)	Arbeitsplatz GPS, http://www.datenschutzbeauftragter-info.de/ueberwachung-am-arbeitsplatz-gps-vs-datenschutz/, abgerufen am 30.01.2011
de Lange (2005)	Norbert de Lange, Geoinformatik in Theorie und Praxis, 2. Auflage, Springer, Berlin 2005, ISBN 3540282912
Digital Element (2011)	IP Intelligence, http://www.digitalelement.com/our_technology/our_technology.html, abgerufen am 17.01.2011
Diller (1995)	Hermann Diller,Beziehungs-Marketing, erschienen in Gabler Verlag (Hrsg.), WiSt Nr. 9, Gabler Verlag, Wiesbaden 1995
Diller (2001)	Hermann Diller, Geschäftsbeziehung, erschienen in: Hermann Diller (Hrsg.), Vahlens Großes Marketing Lexikon, 2. Auflage, Vahlen, München 2001, ISBN 3800626896
Dold et al. (2004)	Thomas Dold, Bernd Hoffmann, Jörg Neumann, Marketingkampagnen effizient managen: Methoden und Systeme, Effizienz durch IT-Unterstützung, Integration in das operative CRM, 1. Auflage, Vieweg+Teubner, Wiesbaden 2004, ISBN 3528058544
Edeka (2011)	Mobile App, http://www.edeka.de/RHEINRUHR/Content/de/Aktuelles/News/myEDEKA.html, abgerufen am 16.01.2011
facebook.com (2011 b)	http://www.facebook.com/help/?page=432, abgerufen am 15.01.2011
facebook.com (2011 c)	Hilfsbereich Facebook Orte, http://www.facebook.com/help/?page=18838, abgerufen am 15.01.2011
facebook.com (2011 d)	Hilfsbereich Facebook Orte Zusammenführen, http://www.facebook.com/help/?page=1154, abgerufen am 15.01.2011
facebook.com (2011 e)	Hilfsbereich Facebook Orte Angebote, http://www.facebook.com/help/?page=18844, abgerufen am 15.01.2011
facebook.com (2011 f)	Hilfsbereich Facebook Orte Angebote Administrieren, http://www.facebook.com/help/?faq=19000#!/help/?page=18846, abgerufen am 15.01.2011
facebookmarketing (2011)	Angebote, http://facebookmarketing.de/wp-content/uploads/2011/01/Foto-5.png, abgerufen am 13.02.2011
Firtman (2010)	Maximiliano Firtman, Programming the Mobile Web, 1. Auflage, O'Riley, Köln 2010, ISBN 0596807783
force.com (2011)	AppExchange, http://appexchange.salesforce.com/home, abgerufen am 02.02.2011
Forrester (2009)	Befähigung der Mitarbeiter: Mobiles CRM in Europa, http://de.blackberry.com//campaign/mobilecrm/mcrm_tlp_ver8_de.pdf, abgerufen am 02.02.2011
Franz (2010)	Digital Natives und Digital Immigrants, http://www.media-perspektiven.de/uploads/tx_mppublications/09-2010_Franz.pdf, abgerufen am 07.02.2011
Frey et al. (2010)	Ulrich Dirk Frey, Gabriele Hunstiger, Peter Dräger, Shopper-Marketing: Mit Shopper-Insights zu effektiver Markenführung bis an den POS , 1. Auflage, Gabler Verlag, Wiesbaden 2010, ISBN

Literaturverzeichnis

	3834922242
Frieling (2010)	Jens Frieling, Zielgruppe Digital Natives: Wie das Internet die Lebensweise von Jugendlichen verändert: Neue Herausforderungen an die Medienbranche, 1. Auflage, Diplomica , Hamburg 2010, ISBN 3836684888
Gartner (2010)	Smartphone Sales, http://www.gartner.com/it/page.jsp?id=1466313, abgerufen am 18.01.2011
Gessler et al. (2009)	Ralf Gessler, Thomas Krause, Wireless-Netzwerke für den Nahbereich: Grundlagen, Verfahren, Vergleich, Entwicklung, 1. Auflage, Vieweg+Teubner, Wiesbaden 2009, ISBN 3834802476
Gladen (2008)	Werner Gladen, Performance Measurement: Controlling mit Kennzahlen, 4. Auflage, Gabler Verlag, Wiesbaden 2008, ISBN 3834908274
Gnosa (2007)	Andreas Gnosa, Der Firmenwagen im Steuerrecht, 1. Auflage, Europäischer Hochschulverlag, Bremen 2007, ISBN 3937686703
Google (2010)	Google Latitude, http://www.google.com/intl/en_us/mobile/latitude/, abgerufen am 30.11.2010
Google (2011 a)	Google Googles, http://www.google.com/mobile/goggles/#contact, abgerufen am 05.02.2011
Google (2011 b)	Google Navigation, http://www.google.com/mobile/navigation/, abgerufen am 05.02.2011
GSA (2011)	http://www.gsacom.com/downloads/charts/Fast_Facts.php4, abgerufen am 11.01.2011
GSM Arena (2011 a)	iPhone Specifications, http://www.gsmarena.com/apple_iphone-1827.php, abgerufen am 30.01.2011
GSM Arena (2011 b)	HTC Desire Specifications, http://www.gsmarena.com/htc_desire-3077.php, abgerufen am 30.01.2011
GSM Arena (2011 c)	http://www.gsmarena.com/htc_evo_4g-3427.php, abgerufen am 08.02.2011
Günter et al. (2006)	Bernd Günter, Sabrina Helm, Kundenbewertung im Rahmen des CRM, erschienen in: Hajo Hippner (Hrsg.), Klaus D. Wilde (Hrsg.), Grundlagen des CRM: Konzepte und Gestaltung, 2. Auflage, Gabler Verlag, Wiesbaden 2006, ISBN
Gutberlet (2008)	Martin Gutberlet, Die Auswirkung neuer Geschäfts-, Wirtschafts- und Gesellschaftsmodelle, erschienen in: Stefan Doeblin (Herausgeber), Innovationsführerschaft durch Open Innovation: Chancen für die Telekommunikations-, IT- und Medienindustrie, 1. Auflage, Springer, Berlin 2008, ISBN 3540877541
Häckelmann et al. (2000)	Heiko Häckelmann, Susanne Strahringer, Hans J. Petzold, Kommunikationssysteme: Technik und Anwendungen, 1. Auflage, Springer, Berlin 2000, ISBN 3540674969
Hammerschmidt et al. (2006)	Dr. Maik Hammerschmidt, Gregor Stokburger, Hans H. Bauer, Marketing Performance: Messen, Analysieren, Optimieren, 1. Auflage, Gabler Verlag, Wiesbaden 2006, ISBN 3409127283
Hein (2007)	Andreas Hein, Web 2.0 - Das müssen Sie wissen , 1. Auflage, Haufe-Lexware, Freiburg 2007, ISBN 3448086282
Helmke et al. (2007)	Stefan Helmke, Matthjias F. Uebel, Willhelm Dangelmaier, Grundsätze des CRM Ansatzes, erschienen in: Stefan Helmke (Hrsg.), Matthias F. Uebel (Hrsg.), Wilhelm Dangelmaier (Hrsg.),

	Effektives Customer Relationship Management: Instrumente - Einführungskonzepte - Organisation, 4. Auflage, Gabler Verlag, Wiesbaden 2007, ISBN 3834904155
Hess et al. (2008)	Thomas Hess, Barbara Rauscher, Mobile Anwendungen, erschienen in Alexander Rossnagel (Hrsg.), Tom Sommerlatte (Hrsg.), Udo Winand (Hrsg.), Digitale Visionen: Zur Gestaltung allgegenwärtiger Informationstechnologien, 1. Auflage, Springer, Berlin 2008, ISBN 3540770216
Hessler et al. (2002)	Armin Gustav Hessler, Jost Krebs, Vodafone, Terenci, Mobile Lösungen im Geschäftskundenbereich, erschienen in: Rene Teichmann (Hrsg.), Franz Lehner (Hrsg.), Mobile Commerce: Strategien, Geschäftsmodelle, Fallstudien, 1. Auflage, Springer, Berlin 2002, ISBN 3540427406
Hippner (2006)	Hajo Hippner, CRM - Grundlagen, Ziele, Konzepte, erschienen in: Hajo Hippner (Hrsg.), Klaus D. Wilde (Hrsg.), Grundlagen des CRM: Konzepte und Gestaltung, 2. Auflage, Gabler Verlag, Wiesbaden 2006, ISBN
Hippner et al. (2005)	Hajo Hippner, Melanie Merzenich, Claas Morlang, Klaus D. Wilde, Das operative CRM im mobilen Internet, erschienen in: Alexander Haas (Hrsg.), Björn Sven Ivens (Hrsg.), Innovatives Marketing: Entscheidungsfelder - Management - Instrumente, 1. Auflage, Gabler Verlag, Wiesbaden 2005, ISBN 3409034188
Hippner et al. (2006 a)	Hajo Hippner, René Rentzmann, Klaus D. Wilde, Aufbau und Funktionalitäten von CRM Systemen, erschienen in: Hajo Hippner (Hrsg.), Klaus D. Wilde (Hrsg.), Grundlagen des CRM: Konzepte und Gestaltung, 2. Auflage, Gabler Verlag, Wiesbaden 2006, ISBN
Hippner et al. (2006 b)	Hajo Hippner, Onno Hoffmann, Udo Rimmelspacher, Klaus D. Wilde, IT-Unterstützung durch Customer Relationship Management am Beispiel von mySAP CRM, erschienen in: Hajo Hippner (Hrsg.), Klaus D. Wilde (Hrsg.), Grundlagen des CRM: Konzepte und Gestaltung, 2. Auflage, Gabler Verlag, Wiesbaden 2006, ISBN
hitwise (2011)	Facebook top Search, http://www.hitwise.com/us/press-center/press-releases/facebook-was-the-top-search-term-in-2010-for-sec/, abgerufen am 14.01.2011
Hofbauer et al. (2009)	Günter Hofbauer, Claudia Hellwig, Professionelles Vertriebsmanagement: Der prozessorientierte Ansatz aus Anbieter- und Beschaffersicht, 2. Auflage, Publicis Publishing, Erlangen 2009, ISBN 3895783285
Holland (2004)	Heinrich Holland, CRM erfolgreich einsetzen. Warum Projekte scheitern und wie sie erfolgreich werden, 1. Auflage, Businessvillage, Göttingen 2004, ISBN 3934424511
Holten et al. (2001)	Roland Holten, Thomas Rotthowe, Reinhard Schütte, Grundlagen, Einsatzbereiche, Modelle , erschienen in: Reinhard Schütte (Hrsg.) Thomas Rotthowe (Hrsg.), Roland Holten (Hrsg.), Data Warehouse Managementhandbuch: Konzepte, Software, Erfahrungen, 1. Auflage, Springer, Berlin 2001, ISBN 3540675612
Holthuis (2001)	Jan Holthuis, Der Aufbau von Data Warehouse- Systemen. Konzeption - Datenmodellierung - Vorgehen, 2. Auflage, Deutscher Universitäts-Verlag , Wiesbaden 2001, ISBN 3824469596
HTC (2011 a)	Start Guide,

Literaturverzeichnis

	http://member.america.htc.com/download/web_materials/QSG/ HTC_Hero/090812_Hero_HTC_German_QSG.pdf, abgerufen am 17.01.2011
HTC (2011 b)	HTC Tattoo, http://www.htc.com/de/product/tattoo/specification.html, abgerufen am 18.01.2011
Hubschneider (2007)	Martin Hubschneider, CRM - Erfolgsfaktor Kundenorientierung: Praxisnahe Fachbeiträge für den Mittelstand, erschienen in Kurt Sibold (Hrsg.), CRM - Erfolgsfaktor Kundenorientierung: Praxisnahe Fachbeiträge für den Mittelstand, 2. Auflage, Haufe-Lexware, Freiburg 2007, ISBN 3448081647
Hüttenegger (2006)	Georg Hüttenegger, Open Source Knowledge Management , 1. Auflage, Springer, Berlin 2006, ISBN 3540330763
itnovum (2010)	SAP-Alfresco Schnittstelle, http://www.it-novum.com/sap-open-source/sap-alfresco-schnittstelle.html, abgerufen am 07.02.2011
Jung (2007)	Hans Jung, Controlling, 2. Auflage, Oldenbourg, München 2007, ISBN 3486585002
Koch et al. (2004)	Diana Koch, Dirk Anrdt, Rechtliche Apsekte bei CRM Projekten, erschienen in: Klaus D. Wilde (Hrsg.), Hajo Hippner (Hrsg.), Management von CRM-Projekten. Handlungsempfehlungen und Branchenkonzepte, 1. Auflage, Gabler Verlag, Wiesbaden 2004, ISBN 3409125205
Koch et al. (2010)	Maria Christina Koch, Gabi Theuner, Mobile Marketing - Dialog mit Zukunft, erschienen in: Deutscher Deutscher Dialogmarketing Verband e.V. (Hrsg.), Dialogmarketing Perspektiven 2009/2010, 1. Auflage, Gabler Verlag, Wiesbaden 2010, ISBN 3834922803
Kollmann et al. (2010)	Tobias Kollmann, Christoph Stöckmann, Diffusion im Web 2.0, erschienen in: Gianfranco Walsh (Hrsg.), Berthold H. Hass (Hrsg.), Thomas Kilian (Hrsg.), Web 2.0: Neue Perspektiven für Marketing und Medien, 2. Auflage, Springer, Berlin 2010, ISBN 3642137865
Königstorfer (2008)	Jörg Königstorfer, Akzeptanz von technologischen Innovationen: Nutzungsentscheidungen von Konsumenten dargestellt am Beispiel von mobilen Internetdiensten, 1. Auflage, Gabler Verlag, Wiesbaden 2008, ISBN 3834912409
Kotler et al. (2010)	Philip Kotler, Gary Armstrong, John Saunders, Veronica Wong , Grundlagen des Marketing, 5. Auflage, Pearson Studium, München 2010, ISBN 3868940146
Kreutzer (2009)	Ralf T. Kreuzer, Praxisorientiertes Dialogmarketing: Konzepte - Instrumente - Fallbeispiele, 1. Auflage , Gabler Verlag, Wiesbaden 2009, ISBN 3834905747
Langer et al. (2010)	Josef Langer, Michael Roland, Anwendungen und Technik von Near Field Communication (NFC), 1. Auflage, Springer, Berlin 2010, ISBN 364205496X
Laudon et al. (2009)	Kenneth C. Laudon, Jane P. Laudon, Detlef Schoder, Wirtschaftsinformatik: Eine Einführung, 2. Auflage, Pearson Studium, München 2009, ISBN 3827373484
Lehner (2002)	Franz Lehner , Einführung und Motivation, erschienen in: Rene Teichmann (Hrsg.), Franz Lehner (Hrsg.), Mobile Commerce: Strategien, Geschäftsmodelle, Fallstudien, 1. Auflage, Springer, Berlin 2002, ISBN 3540427406
Lehner (2003)	Franz Lehner, Mobile und drahtlose Informationssysteme: Technologien, Anwendungen, Märkte, 1. Auflage, Springer,

Literaturverzeichnis

	Berlin 2003, ISBN 3540439811
Link et al. (1993)	Jörg Link, Volker, Hildebrand Database Marketing und Computer Aided Selling, 1. Auflage, Vahlen, München 1993, ISBN 3800617838
LTE (2011)	LTE Technik, http://www.ltemobile.de/lte-technik/, abgerufen am 30.01.2011
Macnews (2010)	iPhone 5, http://www.macnews.de/iphone/gerucht-apple-testet-iphone-5-prototypen-mit-nfc-hardware-51171, abgerufen am 31.01.2011
Mapulous (2011)	Mapulous, http://itunes.apple.com/at/app/mapulous/id387013260?mt=8, abgerufen am 05.02.2011
Matzler et al. (2002 a)	Kurt Matzler, Heinz K. Stahl, Hans H. Hinterhuber, Die Customer-based view in der Unternehmung, erschienen in: Hans H. Hinterhuber (Hrsg.), Kurt Matzler (Hrsg.), Kundenorientierte Unternehmensführung. Kundenorientierung - Kundenzufriedenheit - Kundenbindung, 3. Auflage, Gabler Verlag, Wiesbaden 2002, ISBN 3409314083
Matzler et al. (2002 b)	Kurt Matzler, Natascha Pramhas, Preiszufriedenheit - Prospect Theory oder Kano-Modell, erschienen in: Hans H. Hinterhuber (Hrsg.), Kurt Matzler (Hrsg.), Kundenorientierte Unternehmensführung. Kundenorientierung - Kundenzufriedenheit - Kundenbindung, 3. Auflage, Gabler Verlag, Wiesbaden 2002, ISBN 3409314083
May et al. (2010)	Uwe May, Robert Asal, Marcus Hilmer, Cusotmer-Relationship-Management-Integration des Net Promoter Score, erschienen in. Goetz Greve (Hrsg.) Elke Benning-Rohnke (Hrsg.), Kundenorientierte Unternehmensführung, 1. Auflage, Gabler Verlag, Wiesbaden 2010, ISBN 3834923192
Meier et al. (2009)	Andreas Meier, Henrik Stromer, eBusiness & eCommerce: Management der digitalen Wertschöpfungskette, 2. Auflage, Springer, Berlin 2009, ISBN 3540850163
Mertens et al. (2005)	Peter Mertens, Freimut Bodendorf, Wolfgang König, Arnold Picot, Matthias Schumann, Thomas Hess, Grundzüge der Wirtschaftsinformatik, 9. Auflage, Springer, Berlin 2005, ISBN 354023411X
Mosemann et al. (2009)	Heiko Mosemann, Matthias Kose, Android. Anwendungen für das Handy-Betriebssystem erfolgreich programmieren, 1. Auflage, Hanser Fachbuch, München 2009, ISBN 3446417281
Motorola (2011)	Motorola Droid, http://www.motorola.com/Consumers/US-EN/Consumer-Product-and-Services/Mobile-Phones/ci.Motorola-DROID-2-US-EN.alt, abgerufen am 18.01.2011
Müller et al. (2009)	Gerhard Müller, Cathrin Plate, Anwendungsgebiete und Nutzen der RFID-Technologie in der Instandhaltung, erschienen in: Jens Reichel (Hrsg.), Gerhard Müller (Hrsg.), Johannes Mandelartz (Hrsg.), Betriebliche Instandhaltung (VDI), 1. Auflage, Springer, Berlin 2009, ISBN 3642005012
Mundhenke (2007)	Jens Mundhenke, Wettbewerbswirkungen von Open-Source-Software und offenen Standards auf Softwaremärkten , 1. Auflage, Springer, Berlin 2007, ISBN 3540714154
Mutschler et al. (2004)	Bela Mutschler, G. Specht, Mobile Datenbanksysteme. Architektur, Implementierung, Konzepte, 1. Auflage, Springer, Berlin 2004, ISBN 3540208860

Literaturverzeichnis

myTracks (2011)	myTracks, http://mytracks.appspot.com/, abgerufen am 13.02.2011
Netto (2011 a)	Einkaufslisten Manager https://www.my-netto.de/netto/services/shoppinglists/index.xhtml?cid, abgerufen am 16.01.2011
Netto (2011 b)	Adress Manager https://www.my-netto.de/netto/services/contacts/index.xhtml?cid=11422, abgerufen am
Netzwelt (2010)	3D Smartphone, http://www.netzwelt.de/news/83573-sharp-erstes-3d-smartphone-noch-2010.html, abgerufen am 30.01.2011
Nocker (2005)	Rudolf Nocker, Digitale Kommunikationssysteme 2. Grundlagen der Vermittlungstechnik, 1. Auflage, Vieweg+Teubner, Wiesbaden 2005, ISBN 3528039779
Open Handset Alliance (2007)	Plattform Announcement, http://www.openhandsetalliance.com/press_110507.html, abgerufen am 17.01.2011
Open WLAN Map (2011)	Open WLAN Map, http://www.openwlanmap.org/, abgerufen am 17.01.2011
Orange (2010)	Netzabdeckung Frankreich, http://www.orange.com/en_EN/press/press_releases/att000141 78/Fin2009300dpi.jpg, abgerufen am 24.11.2010
Osterhage (2010)	Wolfgang Osterhage, sicher & mobil: Sicherheit in der drahtlosen Kommunikation, 1. Auflage, Springer, Berlin 2010, ISBN 3642030823
Piller (2006)	Frank Thomas Piller, Mass Customization: Ein wettbewerbsstrategisches Konzept im Informationszeitalter, 4. Auflage, Gabler Verlag, Wiesbaden 2006, ISBN 3835003550
Pindyck et al. (2009)	Robert S. Pindyck, Daniel L. Rubinfeld, Mikroökonomie, 7. Auflage, Pearson Studium, München 2009, ISBN 3827372828
Prensky (2001)	Digital Natives, Digital Immigrants, http://www.marcprensky.com/writing/Prensky%20-%20Digital%20Natives,%20Digital%20Immigrants%20-%20Part1.pdf, abgerufen am 07.02.2011
QlikTech (2011)	QlikView für Iphone, http://www.qlikview.com/de/explore/products/qv-for-mobile/for-iphone, abgerufen am 05.02.2011
Reinecke et al. (2006)	Sven Reinecke, Simone Janz, Marketingcontrolling: Sicherstellen von Marketingeffektivität und-effizienz, 1. Auflage, Kolhammer Verlag, Stuttgart 2006, ISBN 3170184040
Reiners (2004)	Jens Oliver Reiners, Kundenwertsteigerung und Außendienst: Organisation, Personal- und Informationsmanagement im persönlichen Vertrieb, 1. Auflage, Schmidt , Berlin 2004, ISBN 3503063862
Reust (2010)	Fritz Reust, Mobile Marketing: Grundlagen, Technologien, Fallbeispiele: Grundlagen, Strategien, Anwendungen , 1. Auflage, Midas Management Verlag AG, Zürich 2010, ISBN 3907100352
Riggert (2009)	Wolfgang Riggert, ECM - Enterprise Content Management: Konzepte und Techniken rund um Dokumente, 1. Auflage, Vieweg+Teubner, Wiesbaden 2009, ISBN 3834808415
Roth (2005)	Jörg Roth, Mobile Computing: Grundlagen, Technik, Konzepte, 2. Auflage, Dpunkt Verlag, Heidelberg 2005, ISBN 3898643662

Literaturverzeichnis

salesforce.com (2011 a)	Sales Cloud 2, http://www.salesforce.com/de/crm/sales-force-automation/pricing-editions.jsp, abgerufen am 31.01.2011
salesforce.com (2011 b)	Vertriebstool, http://www.salesforce.com/de/crm/sales-force-automation/, abgerufen am 31.01.2011
salesforce.com (2011 c)	Call Center Software, http://www.salesforce.com/de/crm/customer-service-support/, abgerufen am 31.01.2011
salesforce.com (2011 d)	Berichte und Dashboards, http://www.salesforce.com/de/products/marketing-automation/customization-and-integration/reports-dashboards.jsp, abgerufen am 31.01.2011
salesforce.com (2011 e)	CRM Produkte, http://www.salesforce.com/de/crm/products.jsp, abgerufen am 02.02.2011
salesforce.com (2011 f)	Integration, http://www.salesforce.com/de/platform/integration.jsp, abgerufen am 02.02.2011
salesforce.com (2011 g)	Mobile CRM, http://www.salesforce.com/crm/sales-force-automation/mobile-crm/, abgerufen am 02.02.2011
salesforce.com (2011 h)	Service Cloud, http://www.salesforce.com/assets/pdf/datasheets/DS_ServiceCloud_EdCompare.pdf, abgerufen am 07.02.2011
SAP (2011 a)	Software für CRM, http://www.sap.com/germany/solutions/business-suite/crm/index.epx, abgerufen am 30.01.2011
SAP (2011 b)	Groupware Integration, http://help.sap.com/saphelp_crm70/helpdata/de/5c/ae9b3c4d4d8d15e10000000a114084/frameset.htm, abgerufen am 30.01.2011
SAP (2011 c)	Fact Sheet, http://help.sap.com/saphelp_crm60/helpdata/en/47/6a4e08f1db199ae10000000a42189d/content.htm, abgerufen am 05.02.2011
Schäfer (2002)	Heiko Schäfer, Die Erschließung von Kundenpotentialen durch Cross-Selling: Erfolgsfaktoren für ein produktübergreifendes Beziehungsmanagement, 1. Auflage, Deutscher Universitäts-Verlag, Wiesbaden 2002, ISBN 3824476010
Schäfer (2005)	Arno D. Schäfer, Mobile Marketing im Media-Mix, erschienen in: Johannes Hummel (Hrsg.), Markus Giordano (Hrsg.), Mobile Business: Vom Geschäftsmodell zum Geschäftserfolg - Mit Fallbeispielen zu Mobile Marketing und Strategien für Content-Anbieter, 1. Auflage, Springer, Berlin 2005, ISBN 3409034005
Schildhauer (2003)	Thomas Schildhauer, Lexikon Electronic Business, 1. Auflage, Oldenbourg, München 2003, ISBN 3486272632
Schirmeister et al. (2006)	Raimund Schirmeister, Claudia Kreuz, Der investitionsrechnerische Kundenwert, erschienen in Bernd Günter (Hrsg.), Sabrina Helm (Hrsg.), Kundenwert: Grundlagen - Innovative Konzepte - Praktische Umsetzungen, 3 Auflage, Gabler Verlag, Wiesbaden 2006, ISBN 3834903507
Schnaufer et al. (2006)	Rainer Schnauffer, Hans-Hermann Jung, CRM - Entscheidungen richtig treffen. Die unternehmensindividuelle Ausgestaltung der Anbieter-Kunden-Beziehung, 1. Auflage, Springer,

	Berlin 2006, ISBN 3540210121
Schreiner (2009)	Rüdiger Schreiner, Computernetzwerke. Von den Grundlagen zur Funktion und Anwendung, 3. Auflage, Hanser Fachbuch, München 2009, ISBN 3446419225
Schulze (2002)	Jens Schulze, CRM erfolgreich einführen , 1. Auflage, Springer, Berlin 2002, ISBN 3540432922
Schumacher et al. (2004)	Matthias Meyer, Jörg Schumacher Customer, Relationship Management strukturiert dargestellt: Prozesse, Systeme, Technologien, 1. Auflage, Springer, Berlin 2004, ISBN 3540412808
Shuen (2008)	Amy Shuen, Die Web 2.0-Strategie: Innovative Geschäftsmodelle für das Internet, 1. Auflage, O'Riley, Köln 2008, ISBN 3897218666
Silberer (2004)	Günter Silberer, Grundlagen und Potentiale der mobilfunkbasierten Kundenbeziehungspflege, erschienen in: Hajo Hippner (Hrsg.), Klaus D. Wilde (Hrsg.), IT-Systeme im CRM. Aufbau und Potenziale, 1. Auflage, Gabler Verlag, Wiesbaden 2004, ISBN 3409125191
Silberer et al. (2002)	Günter Silberer, Jens Wohlfahrt, Kundenbindung mit mobile Services, erschienen in: Manfred Bruhn (2006), Bernd Stauss (2006), Electronic Services. Dienstleistungsmanagement, 1. Auflage, Gabler, Wiesbaden 2002, ISBN 3409118365
Silberer et al. (2008)	G. Silberer, S. Schulz, mCRM - Möglichkeiten und Grenzen eines mordernen Kundenbeziehungsmanagements, erschienen in: Hans H. Bauer (Hrsg.), Thorsten Dirks (Hrsg.), Melchior Bryant (Hrsg.), Erfolgsfaktoren des Mobile Marketing, 1. Auflage, Springer, Berlin 2008, ISBN 3540852956
Skalsky (2005)	Benedikt Skalsky, Next Generation Mobile Portal, erschienen in: Johannes Hummel (Hrsg.), Markus Giordano (Hrsg.), Mobile Business: Vom Geschäftsmodell zum Geschäftserfolg - Mit Fallbeispielen zu Mobile Marketing und Strategien für Content-Anbieter, 1. Auflage, Springer, Berlin 2005, ISBN 3409034005
Stäger (1999)	Christina Stäger, Multi Chanel Management, 1. Auflage, Paul Haupt , Bern 1999, ISBN 3258060878
Stauss (2006)	Bernd Stauss, Grundlagen und Phasen der Kundenbeziehung: Der Kundenbeziehungs-Lebenszyklus, erschienen in: Hajo Hippner (Hrsg.), Klaus D. Wilde (Hrsg.), Grundlagen des CRM: Konzepte und Gestaltung, 2. Auflage, Gabler Verlag, Wiesbaden 2006, ISBN
Stern (2010)	Apple iPad, http://www.stern.de/digital/computer/apples-neues-ipad-ein-tablett-fuer-alle-faelle-1539056.html, abgerufen am 04.12.201
Stokburger et al. (2002)	Gregor Stokburger, Mario Pufahl, Kosten senken mit CRM. Strategien, Methoden und Kennzahlen, 1. Auflage, Gabler Verlag, Wiesbaden 2002, ISBN 3409119396
Stolzenberg et al. (2009)	Kerstin Stolzenberg, Krischan Heberle, Change Management: Veränderungsprozesse erfolgreich gestalten - Mitarbeiter mobilisieren, 2. Auflage, Springer, Berlin 2009, ISBN 3540788549
Sugar (2011 a)	Sugar Editions, http://www.sugarcrm.com/crm/products/editions.html, abgerufen am 16.01.2011
SugarCRM (2011 b)	License, http://www.sugarcrm.com/crm/gplv3-faq.html,

Literaturverzeichnis

	abgerufen am 31.01.2011
SugarCRM (2011 c)	Sugar Features, http://www.sugarcrm.com/crm/products/sugar-suite/components.html, abgerufen am 31.01.2011
SugarCRM (2011 d)	Support, http://www.sugarcrm.com/crm/support/faqs/technical-support.html#contact3, abgerufen am 31.01.2011
SugarCRM (2011 e)	Sugar Mobile for Iphone, http://www.sugarcrm.com/crm/products/capabilities/sales/mobile.html, abgerufen am 31.01.2011
SugarCRM (2011 g)	Customer Support, http://www.sugarcrm.com/crm/products/capabilities/support/kb.html, abgerufen am 07.02.2011
SugarCRM (2011 h)	Development Guide, http://developers.sugarcrm.com/docs/OS/6.1/-docs-Developer_Guides-Sugar_Developer_Guide_6.1.0-toc.html, , abgerufen am 13.02.2011
SugarExchange (2011)	Sugar Exchange, http://www.sugarexchange.com/, abgerufen am 31.01.2011
Swoboda et al. (2008)	Joachim Swoboda, Michael Pramateftakis, Stephan Spitz, Kryptographie und IT-Sicherheit: Grundlagen und Anwendungen - eine Einführung, 1. Auflage, Vieweg+Teubner, Wiesbaden 2008, ISBN 3834802484
Sybase (2011)	SAP CRM Mobile, http://www.sybase.de/files/White_Papers/Sybase_Mobile_Sales_SolutionBrief.pdf, abgerufen am 30.01.2011
Tacke et al. (2006)	Georg Tacke, Felix Krohn, Die Bedeutung des Preises im CRM, erschienen in: Hajo Hippner (Hrsg.), Klaus D. Wilde (Hrsg.), Grundlagen des CRM: Konzepte und Gestaltung, 2. Auflage, Gabler Verlag, Wiesbaden 2006, ISBN
TeamViewer (2011)	TeamViewer, http://www.teamviewer.com/de/index.aspx, abgerufen am 07.02.2011
T-Mobile (2010 a)	Funkversorgung Inland, http://www.t-mobile.de/funkversorgung/inland, abgerufen am 24.11.2011
Tully et al. (2006)	Claus J. Tully, Dirk Baier, Mobiler Alltag: Mobilität zwischen Option und Zwang, 1. Auflage, VS Verlag , Wiesbaden 2006, ISBN 3531151037
Turowski et al. (2004)	Turowski Klaus, Pousttchi, Key. Mobile Commerce : Grundlagen und Techniken, 1. Auflage, Springer , Berlin 2004, ISBN 3540005358
Vershofen (1959)	Wilhelm Vershofen, Die Marktentnahme als Kernstück der Wirtschaftsforschung, 1. Auflage, Heymann, Berlin 1959, ISBN
Vodafone (2011)	LTE, http://www.vodafone.de/unternehmen/presse/pm-archiv-2010_176191.html, abgerufen am 30.01.2011
W3C (2010)	Geolocation Interface, http://dev.w3.org/geo/api/spec-source.html#geolocation_interface, abgerufen am 28.11.2010
W3C (2011)	HTML 5, http://dev.w3.org/html5/spec/offline.html#offline, abgerufen am 31.01.2011
Wallbaum et al. (2002)	Michael Wallbaum,Carsten Pilz , Technologische Grundlagen des Mobile Commerce , erschienen in: Rene Teichmann (Hrsg.), Franz Lehner (Hrsg.), Mobile Commerce: Strategien, Geschäftsmodelle, Fallstudien, 1. Auflage, Springer, Berlin 2002, ISBN 3540427406
Werner (2010)	Martin Werner, Nachrichtentechnik: Eine Einführung für alle

Literaturverzeichnis

	Studiengänge , 7. Auflage, Vieweg+Teubner, Wiesbaden 2010, ISBN 3834809055
Wichmann (2004)	Thorsten Wichmann, Linux- und Open-Source-Strategien, 1. Auflage, Springer, Berlin 2004, ISBN 3540228101
Wirtz (2001)	Bernd W. Wirtz, Electronic Business, 2. Auflage, Gabler Verlag, Wiesbaden 2001, ISBN 340921660X
Wirtz et al. (2008)	B. Wirtz, S. Ullrich, Mobile Marketing im Multi-Channel Marketing, erschienen in: Hans H. Bauer (Hrsg.), Thorsten Dirks (Hrsg.), Melchior Bryant (Hrsg.), Erfolgsfaktoren des Mobile Marketing, 1. Auflage, Springer, Berlin 2008, ISBN 3540852956
Witt (2010)	Bernhard Carsten Witt, Datenschutz kompakt und verständlich: Eine praxisorientierte Einführung und Online-Service , 2. Auflage, Vieweg+Teubner, Wiesbaden 2010, ISBN 3834812250
Wöhe et al. (2000)	Günter Wöhe, Ulrich Döring, Einführung in die Allgemeine Betriebswirtschaftslehre, 20. Auflage, Vahlen, München 2000, ISBN 3800625504
Zipser (2001)	Andreas Zipser, Business Intelligence im Customer Relationship Management - Die Relevanz von Daten und deren Analyse für profitable Kundenbeziehungen, erschienen in: Jörg Link (Hrsg.), Customer Relationship Management, 1. Auflage, Springer, Berlin 2001, ISBN 354042444X
Zipser (2002)	Andreas Zipser, Analyseverfahren im Analytische CRM, erschienen in: Rene Teichmann (Hrsg.), Customer und Shareholder Relationship Management: Erfolgreiche Kunden- und Aktionärsbindung in der Praxis, 1. Auflage, Springer, Berlin 2002, ISBN 3540435719

Anhang

Inhaltsverzeichnis

1 Fallstudie

1.1 Fallstudie Geschäftspartner

Nr.	Screenshot / Beschreibung
	Firmendaten

1. Der Account View bietet eine Listenansicht über alle im System gepflegten Kunden.

2. Ein Klick auf den Firmennamen öffnet eine Detailseite. Dort sind detaillierte Informationen zu den Kunden sichtbar, sowie Links zu den zugeordneten Objekten, wie z.B. Kontaktpersonen, Aktivitäten oder Verkaufschancen.

Nr.	Screenshot / Beschreibung
3.	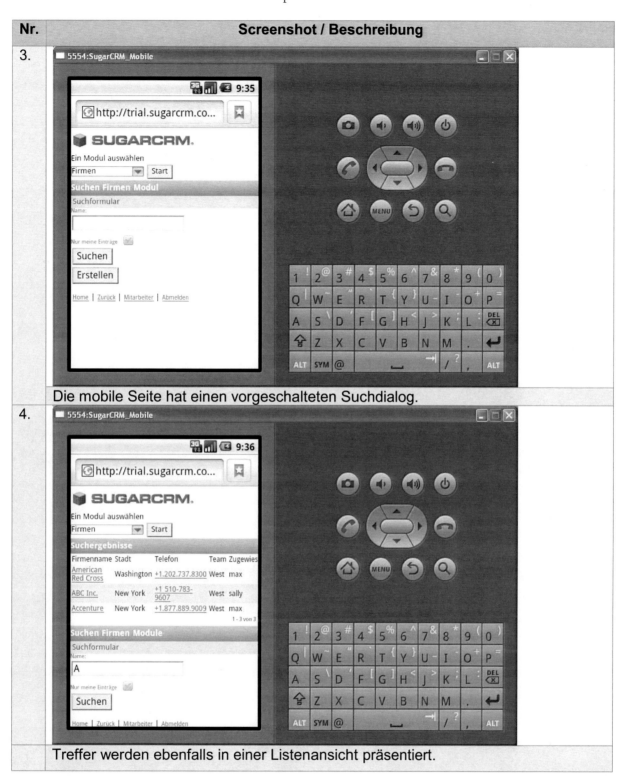
	Die mobile Seite hat einen vorgeschalteten Suchdialog.
4.	
	Treffer werden ebenfalls in einer Listenansicht präsentiert.

Nr.	Screenshot / Beschreibung
5.	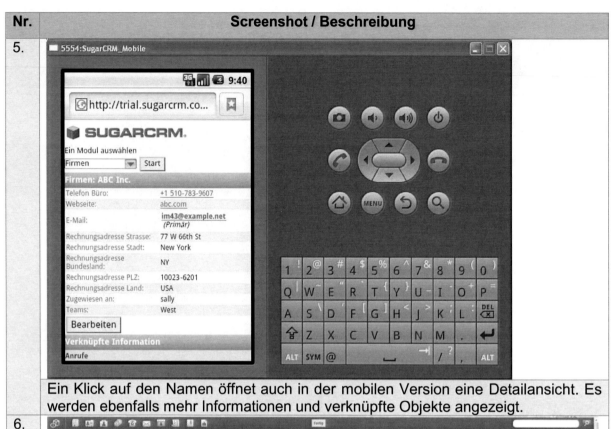
	Ein Klick auf den Namen öffnet auch in der mobilen Version eine Detailansicht. Es werden ebenfalls mehr Informationen und verknüpfte Objekte angezeigt.
6.	
	Auf der mobilen Detailseite wird jedoch das Feld Branche nicht angezeigt. Es soll eingeblendet werden. Dazu wird in der Administrationsoberfläche von SugarCRM der Bereich die Funktion „Studio" aufgerufen, mit der Auswahllisten, eigene Felder, Layouts und Feldbezeichnungen bearbeitet werden können.

Nr.	Screenshot / Beschreibung
7.	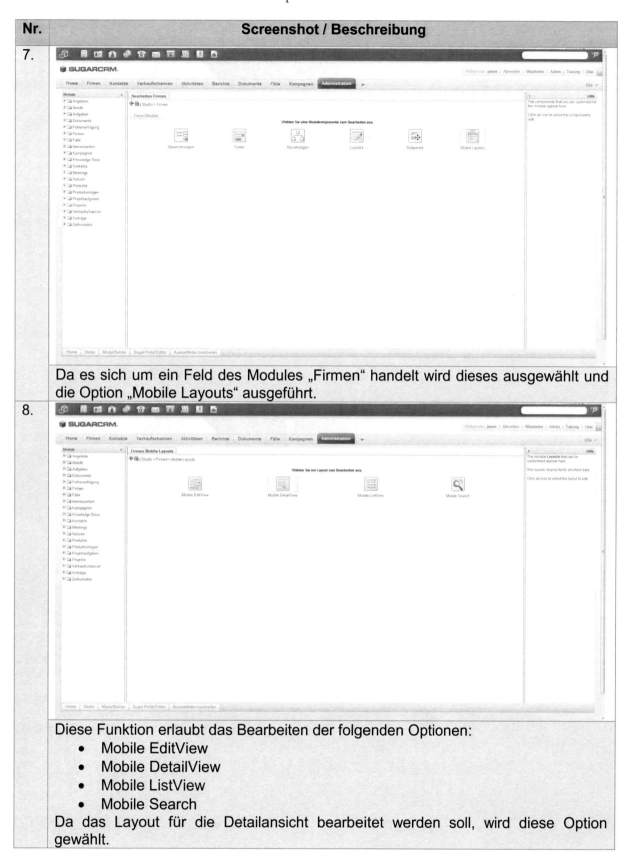 Da es sich um ein Feld des Modules „Firmen" handelt wird dieses ausgewählt und die Option „Mobile Layouts" ausgeführt.
8.	Diese Funktion erlaubt das Bearbeiten der folgenden Optionen: • Mobile EditView • Mobile DetailView • Mobile ListView • Mobile Search Da das Layout für die Detailansicht bearbeitet werden soll, wird diese Option gewählt.

Nr.	Screenshot / Beschreibung
9.	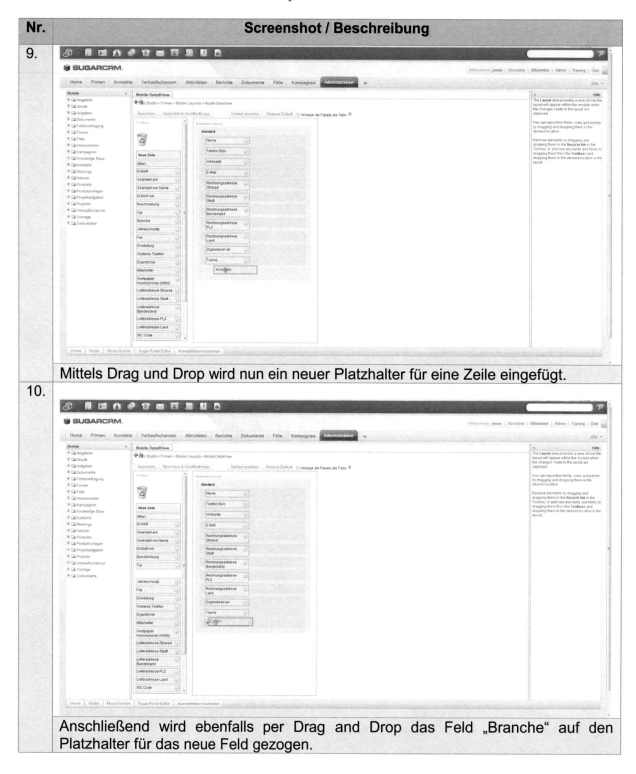
	Mittels Drag und Drop wird nun ein neuer Platzhalter für eine Zeile eingefügt.
10.	
	Anschließend wird ebenfalls per Drag and Drop das Feld „Branche" auf den Platzhalter für das neue Feld gezogen.

Nr.	Screenshot / Beschreibung
11.	 Durch „Speichern & Veröffentlichen" wird die Änderung übernommen und wird sofort in der mobilen Ansicht sichtbar.
12.	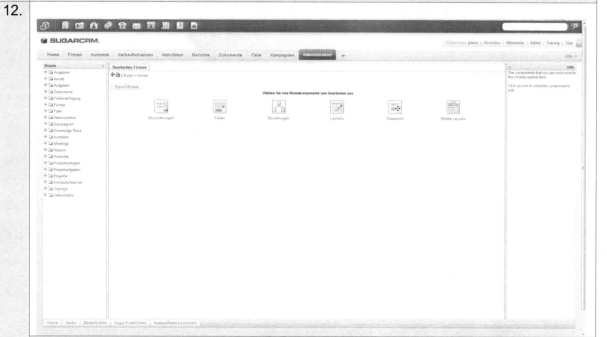 Da für die KeraMax GmbH die Branchen „Architektur" und „Baumarkt" ebenfalls relevant sind, sollen diese Einträge in der Werteliste hinzugefügt werden. Dazu wird im ersten Schritt im „Studio" die Firmenübersicht aufgerufen.

Nr.	Screenshot / Beschreibung
13.	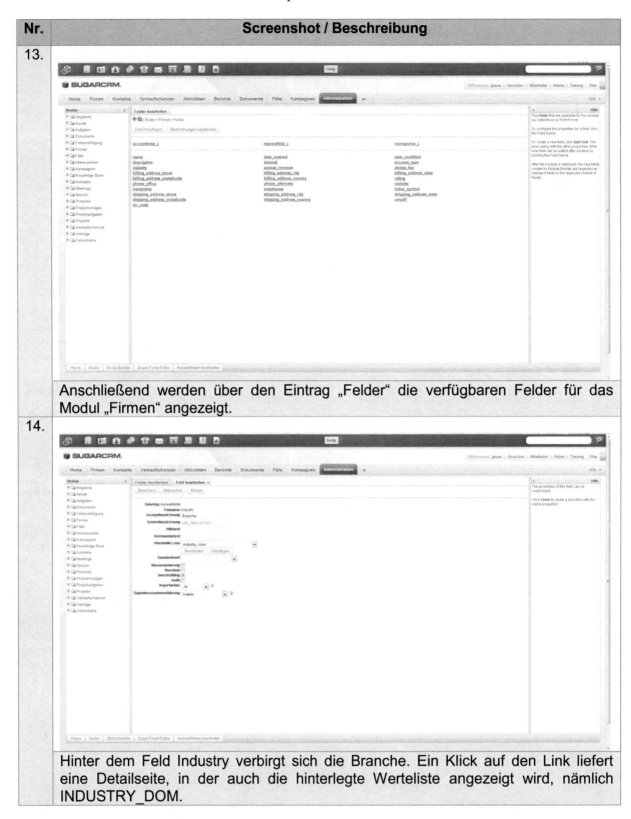
	Anschließend werden über den Eintrag „Felder" die verfügbaren Felder für das Modul „Firmen" angezeigt.
14.	
	Hinter dem Feld Industry verbirgt sich die Branche. Ein Klick auf den Link liefert eine Detailseite, in der auch die hinterlegte Werteliste angezeigt wird, nämlich INDUSTRY_DOM.

Nr.	Screenshot / Beschreibung
15.	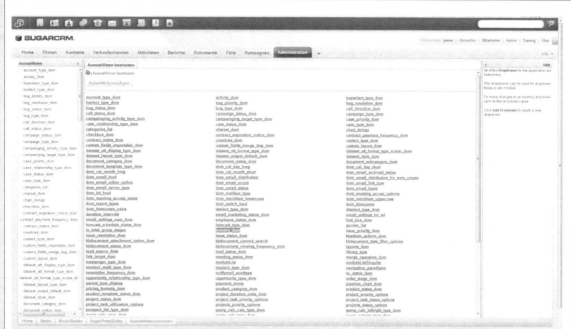 Über die Administrationsoberfläche wird nun der Eintrag „Auswahllisten Bearbeiten" ausgewählt. Dieser Dialog erlaubt das Hinzufügen, Löschen oder Bearbeiten der Auswahllisten. Eine Übersichtsseite zeigt alle Wertelisten, es wird INDUSTRY_DOM ausgewählt.
16.	 Nun werden die gewünschten Werte („Architektur" und „Baumarkt")in die Werteliste eingepflegt und per Drag & Drop an die entsprechende Stelle platziert, z.B. um eine alphabetische Reihenfolge zu gewährleisten. Es ist jedoch darauf zu achten, dass der Eintrag in allen Sprachen nachgepflegt wird, falls eine mehrsprachige Lösung verwendet wird. In der Praxis wird deshalb eine Sprache als führend festgelegt, z.B. Englisch. Der Elementname sollte also immer auf Englisch gepflegt und in allen Sprachen gleich sein, damit eine Übersetzung leicht möglich ist.

Nr.	Screenshot / Beschreibung
17	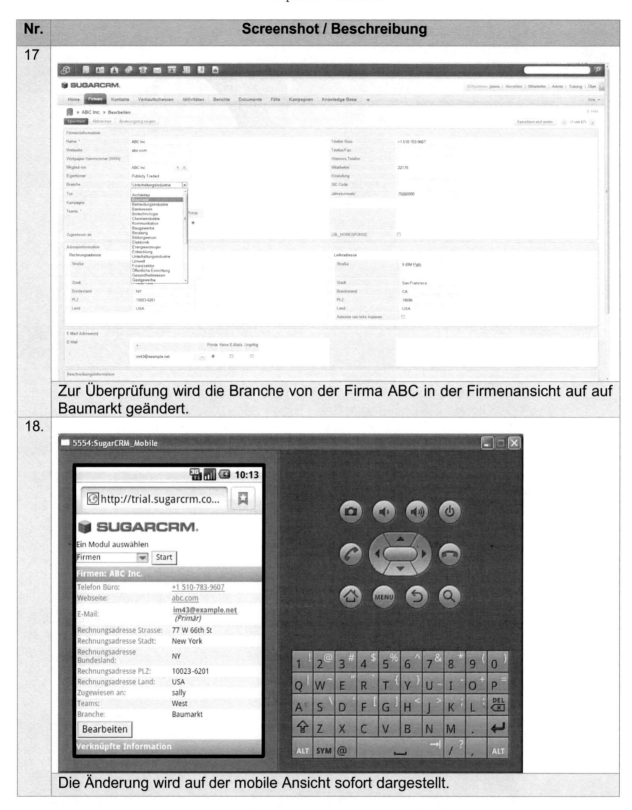
	Zur Überprüfung wird die Branche von der Firma ABC in der Firmenansicht auf auf Baumarkt geändert.
18.	
	Die Änderung wird auf der mobile Ansicht sofort dargestellt.

	Verknüpfte Informationen
19.	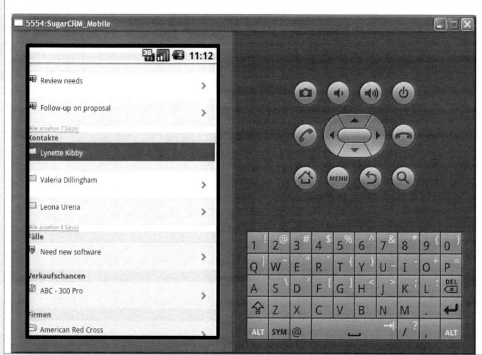
	In der mobilen Ansicht sind ebenfalls verknüpfte Informationen zu den Firmendaten ersichtlich.
20.	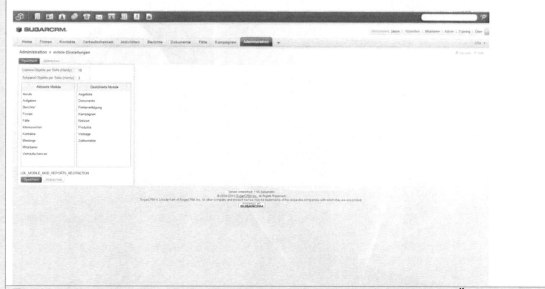
	Zur Unterstützung des Außendienstes und zur Verbesserung der Übersichtlichkeit sollen nur bestimmte Module eingeblendet werden. Dies wird über den Dialog „Mobile Einstellungen" gesteuert, indem Module zur Anzeige an und abgewählt werden können. Zu beachten ist, dass das Modul berichte nur für die IPhone App verfügbar ist.

Tabelle 1 Fallstudie Geschäftspartner[1]

---

[1] Quelle: Screenshots aus Testsystem

1.2 Fallstudie Opportunities

Nr.	Screenshot / Beschreibung
	Verkaufschancen

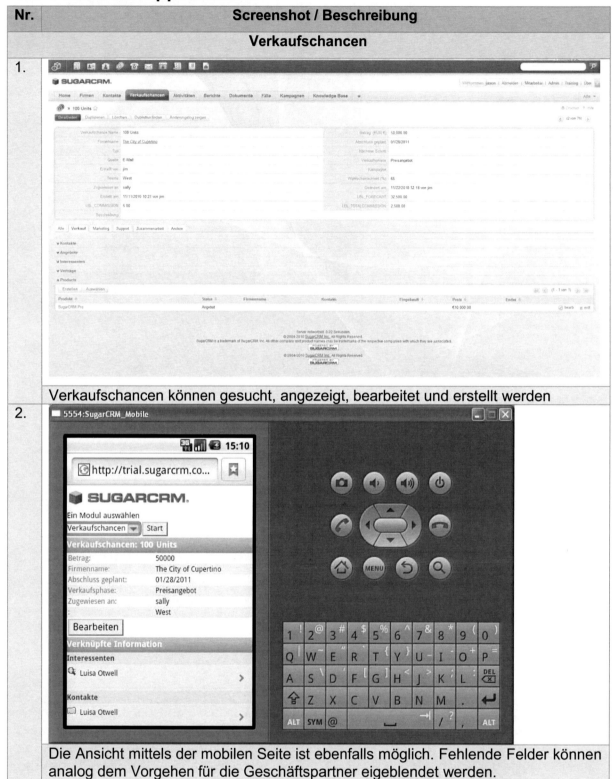

1.	
	Verkaufschancen können gesucht, angezeigt, bearbeitet und erstellt werden
2.	
	Die Ansicht mittels der mobilen Seite ist ebenfalls möglich. Fehlende Felder können analog dem Vorgehen für die Geschäftspartner eigeblendet werden.

Nr.	Screenshot / Beschreibung
3.	**Viewing and Creating Records from Sugar Mobile** Depending on the module that you access, you can also create records from a wireless device. However, you cannot delete records from Sugar Mobile. The table below lists the types of records that you can view and create from a mobile device. <table><tr><td>Modules</td><td>View Records</td><td>Create Records</td></tr><tr><td>Accounts</td><td>X</td><td>X</td></tr><tr><td>Contacts</td><td>X</td><td>X</td></tr><tr><td>Leads</td><td>X</td><td>X</td></tr><tr><td>Calls</td><td>X</td><td>X</td></tr><tr><td>Meetings</td><td>X</td><td>X</td></tr><tr><td>Tasks</td><td>X</td><td>X</td></tr><tr><td>Opportunities</td><td>X</td><td></td></tr><tr><td>Cases</td><td>X</td><td></td></tr><tr><td>Employees</td><td>X</td><td></td></tr></table> 2
	Das Erstellen von Verkaufschancen ist jedoch laut Dokumentation des Herstellers nicht möglich.
4.	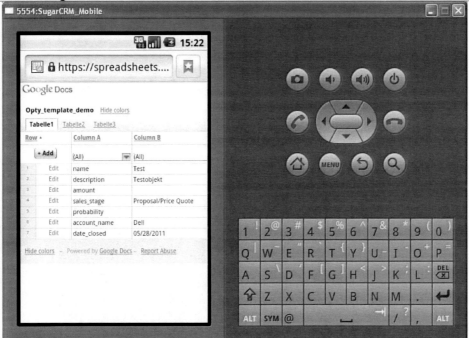
	Als Workaround könnten Verkaufschancen via Google Docs erfasst werden können. Es könnte ein Template hinterlegt werden, welches sich mobil ausfüllen lässt.

---

2 Quelle : XXX

Nr.	Screenshot / Beschreibung
5.	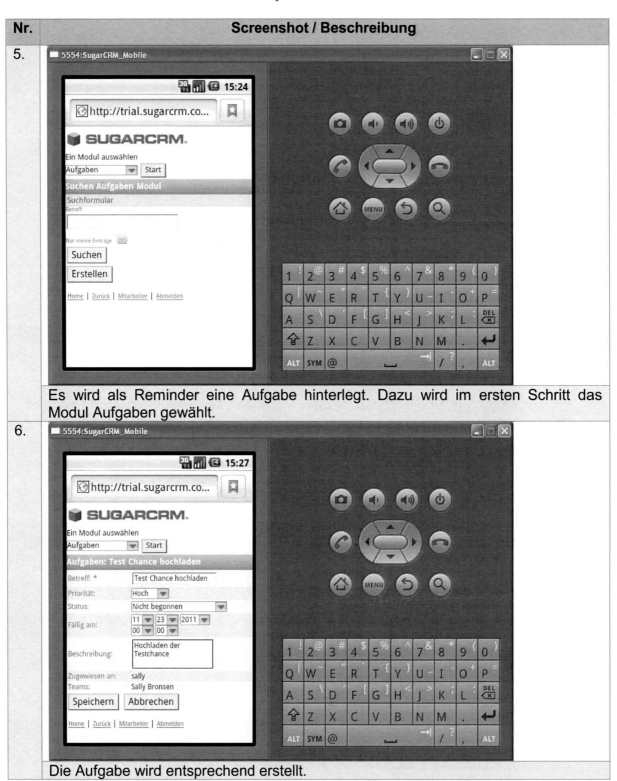
	Es wird als Reminder eine Aufgabe hinterlegt. Dazu wird im ersten Schritt das Modul Aufgaben gewählt.
6.	
	Die Aufgabe wird entsprechend erstellt.

Kapitel **1**. Fallstudie

Nr.	Screenshot / Beschreibung
7.	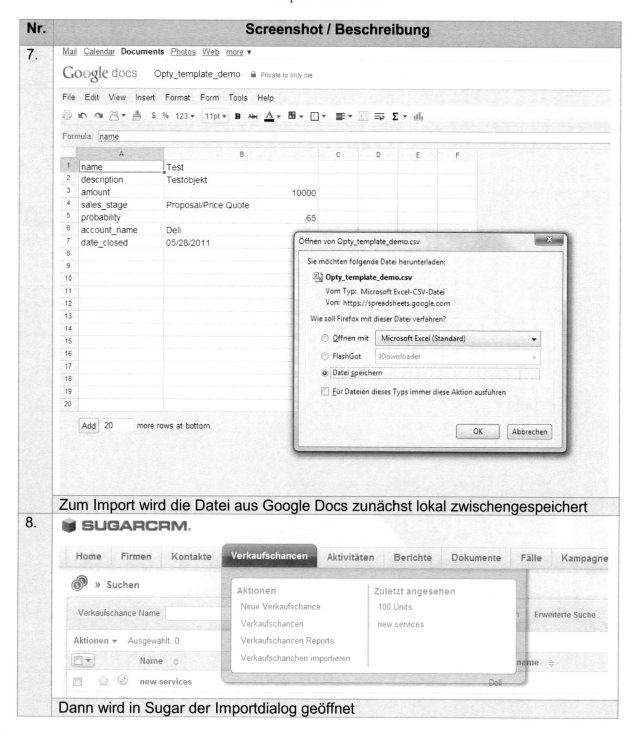
	Zum Import wird die Datei aus Google Docs zunächst lokal zwischengespeichert
8.	
	Dann wird in Sugar der Importdialog geöffnet

Nr.	Screenshot / Beschreibung
9.	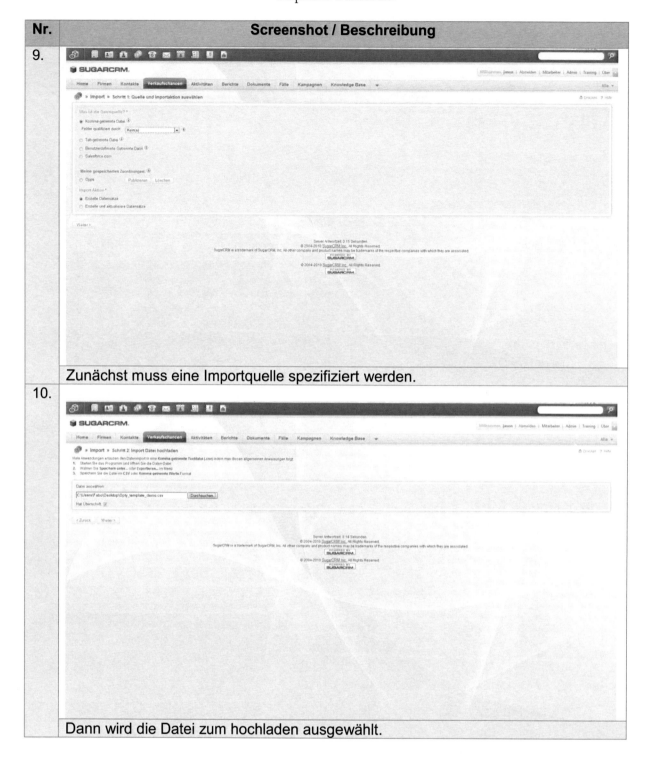 Zunächst muss eine Importquelle spezifiziert werden.
10.	Dann wird die Datei zum hochladen ausgewählt.

Nr.	Screenshot / Beschreibung
11.	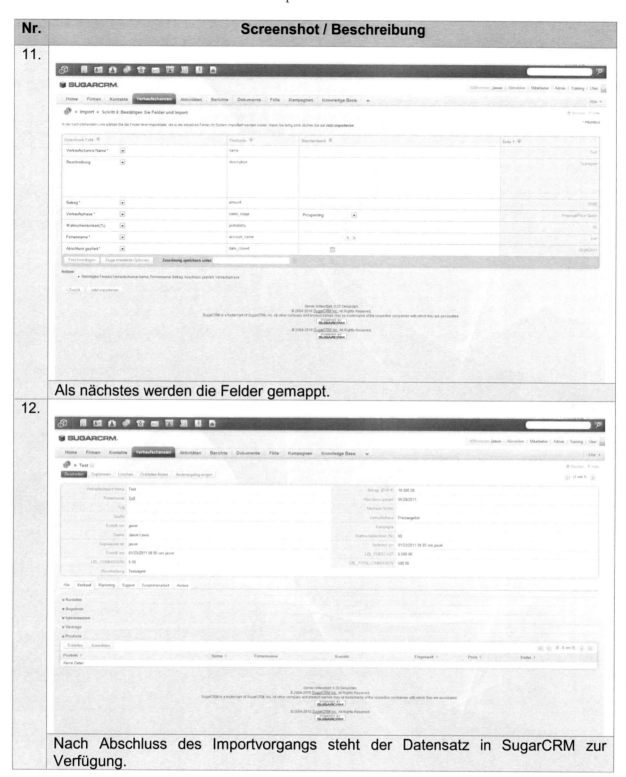 Als nächstes werden die Felder gemappt.
12.	Nach Abschluss des Importvorgangs steht der Datensatz in SugarCRM zur Verfügung.

Nr.	Screenshot / Beschreibung
13.	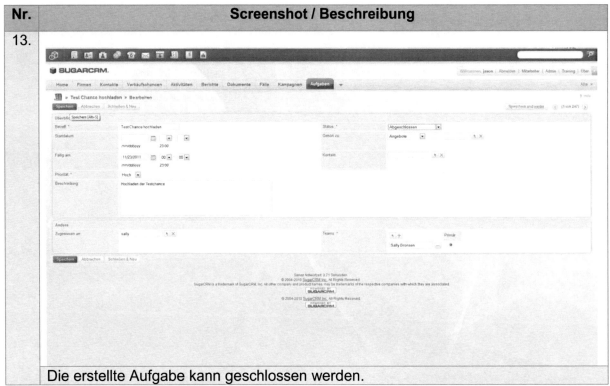
	Die erstellte Aufgabe kann geschlossen werden.

Tabelle 2 Fallstudie Opportunities

1.3 Fallstudie Aktivitäten

Nr.	Screenshot / Beschreibung
	Verbindung eines Outlooks Kontos mit Goolge Mail. Dadurch soll die Synchronisation mit Android gewährleistet werden.
1.	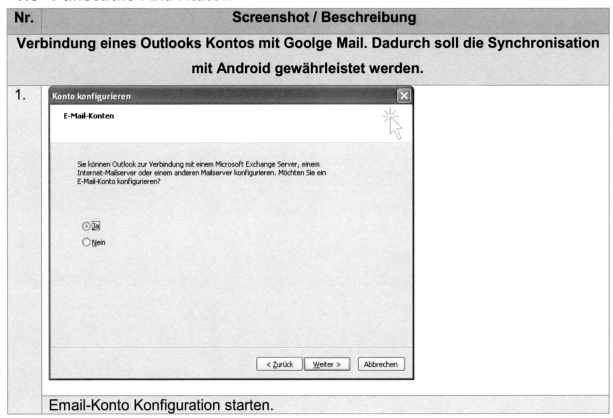
	Email-Konto Konfiguration starten.

Nr.	Screenshot / Beschreibung
2.	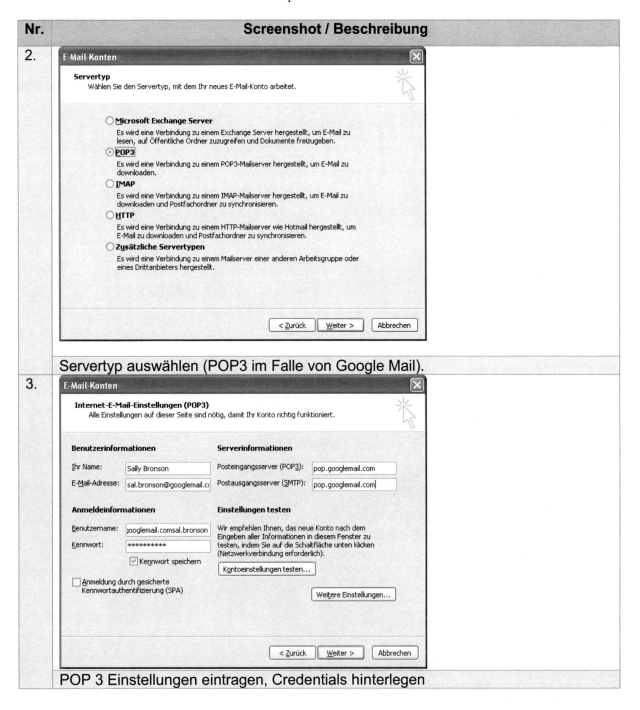

Nr.	Screenshot / Beschreibung
4.	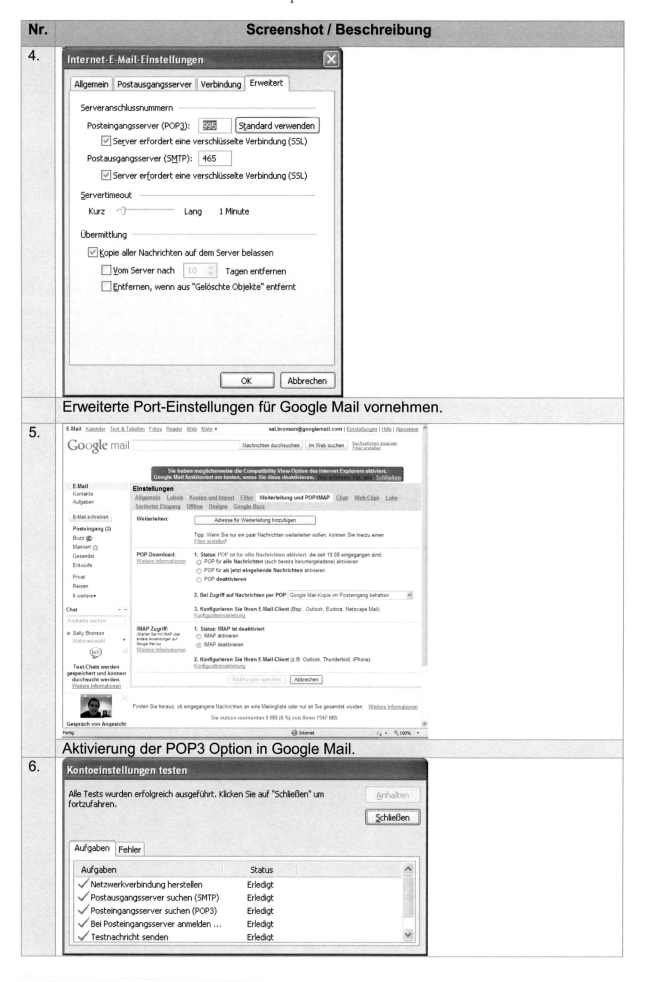

Erweiterte Port-Einstellungen für Google Mail vornehmen. |
| 5. | Aktivierung der POP3 Option in Google Mail. |
| 6. | |

Nr.	Screenshot / Beschreibung
	Testen der konfigurierten Verbindung.
	Einrichten von Google Calendar Sync. Dieses Tool stellt sicher, dass auch Termine und nicht nur Emails mit Google syncronisiert werden.

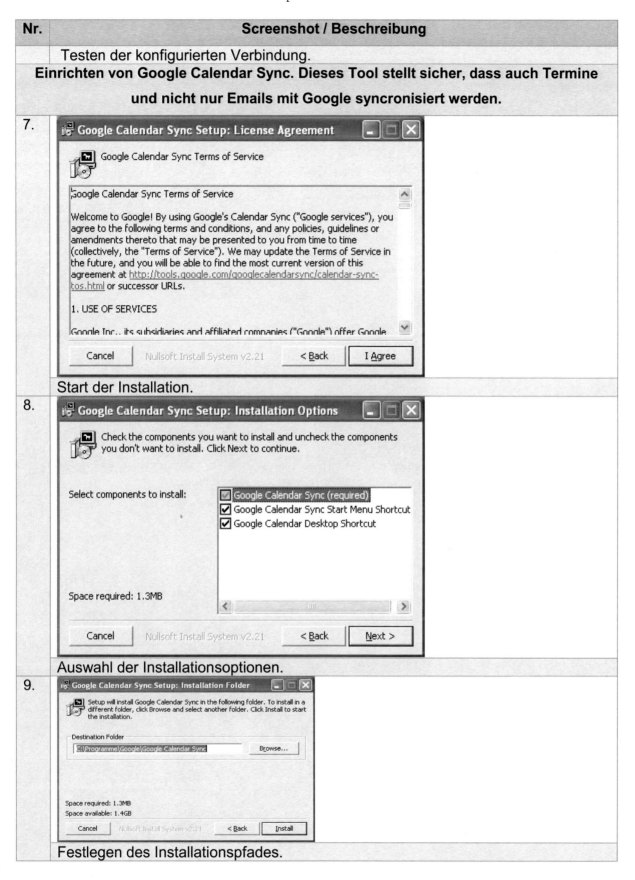

7. (Google Calendar Sync Setup: License Agreement)
Start der Installation.

8. (Google Calendar Sync Setup: Installation Options)
Auswahl der Installationsoptionen.

9. (Google Calendar Sync Setup: Installation Folder)
Festlegen des Installationspfades.

Nr.	Screenshot / Beschreibung
10.	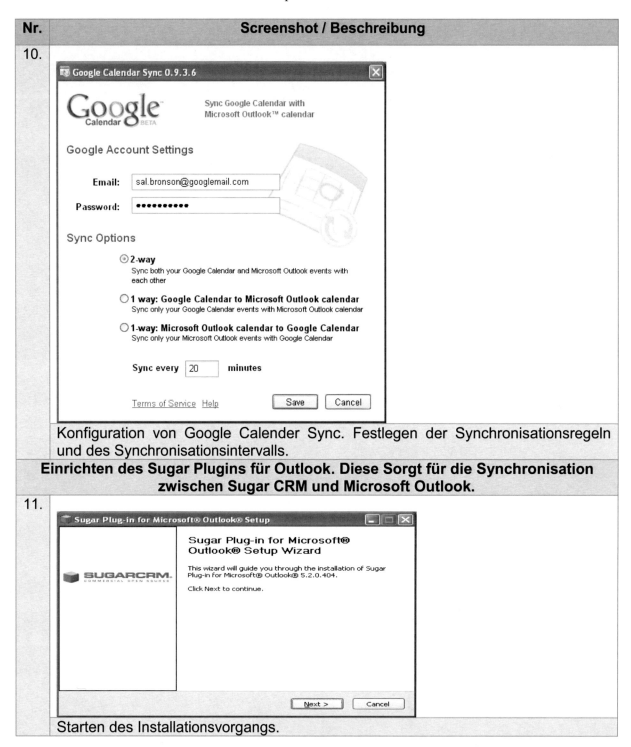
	Konfiguration von Google Calender Sync. Festlegen der Synchronisationsregeln und des Synchronisationsintervalls.

Einrichten des Sugar Plugins für Outlook. Diese Sorgt für die Synchronisation zwischen Sugar CRM und Microsoft Outlook.

Nr.	
11.	
	Starten des Installationsvorgangs.

Nr.	Screenshot / Beschreibung
12.	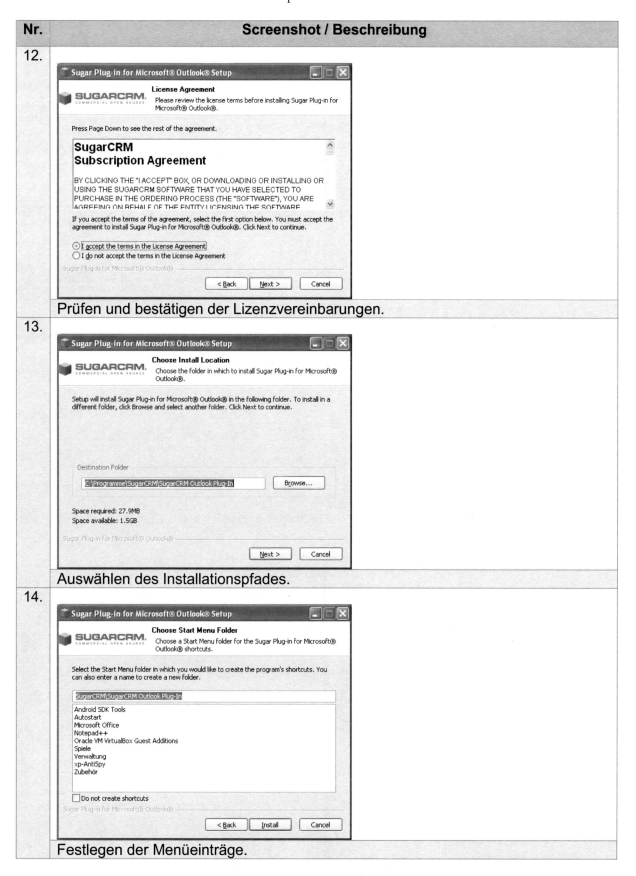
	Prüfen und bestätigen der Lizenzvereinbarungen.
13.	
	Auswählen des Installationspfades.
14.	
	Festlegen der Menüeinträge.

Nr.	Screenshot / Beschreibung
15.	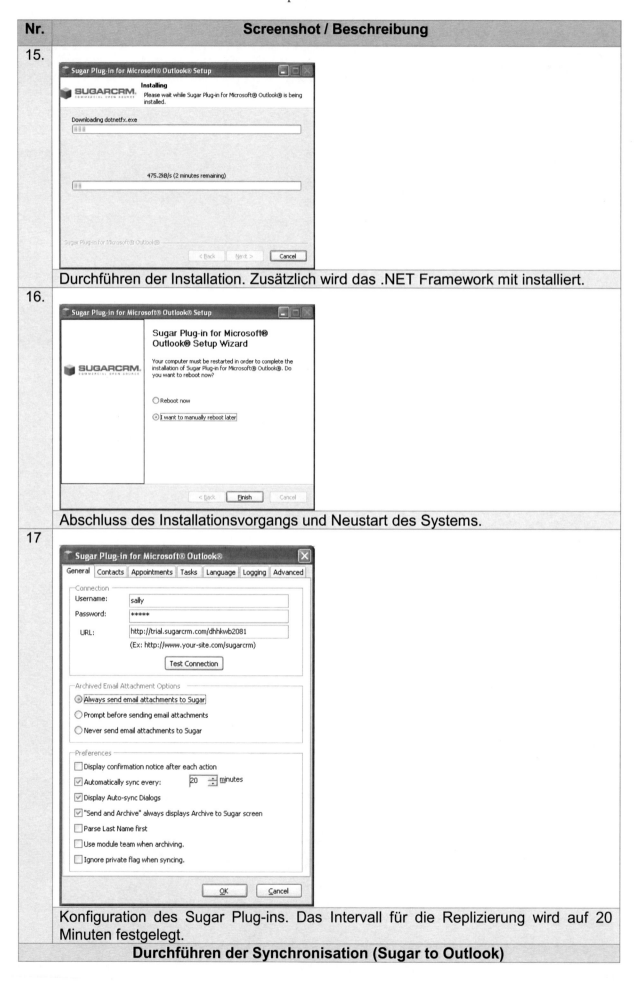
	Durchführen der Installation. Zusätzlich wird das .NET Framework mit installiert.
16.	
	Abschluss des Installationsvorgangs und Neustart des Systems.
17	
	Konfiguration des Sugar Plug-ins. Das Intervall für die Replizierung wird auf 20 Minuten festgelegt.
	Durchführen der Synchronisation (Sugar to Outlook)

Nr.	Screenshot / Beschreibung
18.	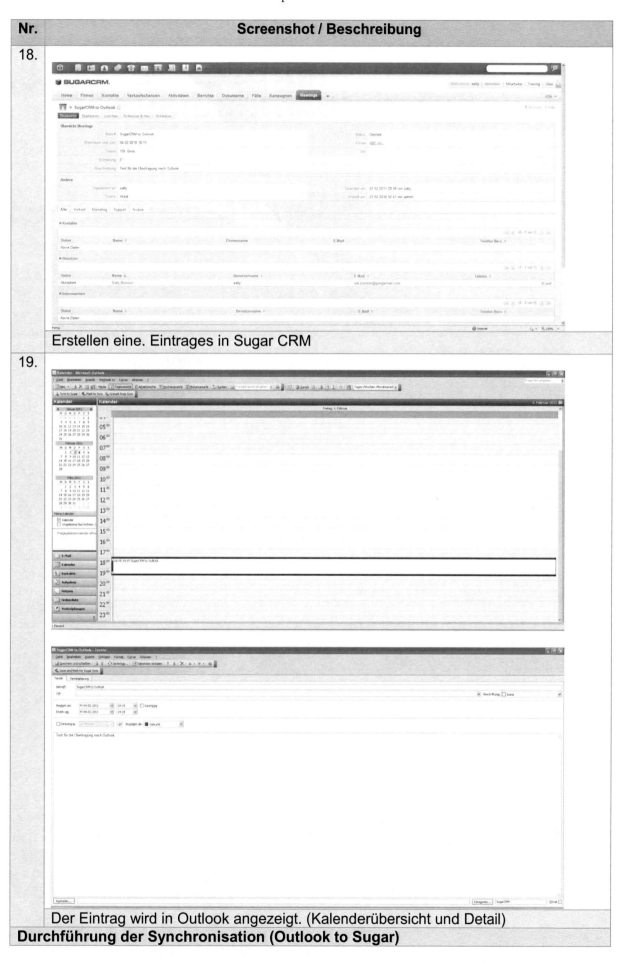Erstellen eine. Eintrages in Sugar CRM
19.	Der Eintrag wird in Outlook angezeigt. (Kalenderübersicht und Detail)

Durchführung der Synchronisation (Outlook to Sugar)

Nr.	Screenshot / Beschreibung
20.	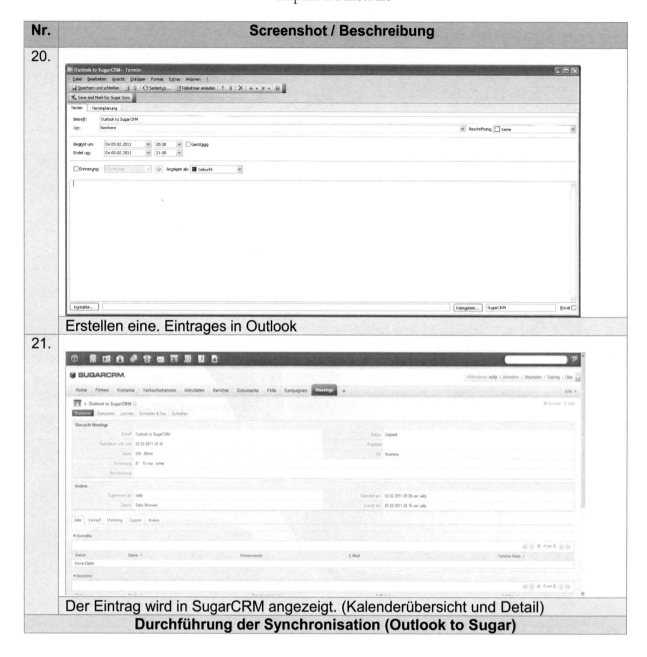 Erstellen eine. Eintrages in Outlook
21.	Der Eintrag wird in SugarCRM angezeigt. (Kalenderübersicht und Detail)
	Durchführung der Synchronisation (Outlook to Sugar)

Nr.	Screenshot / Beschreibung
2.	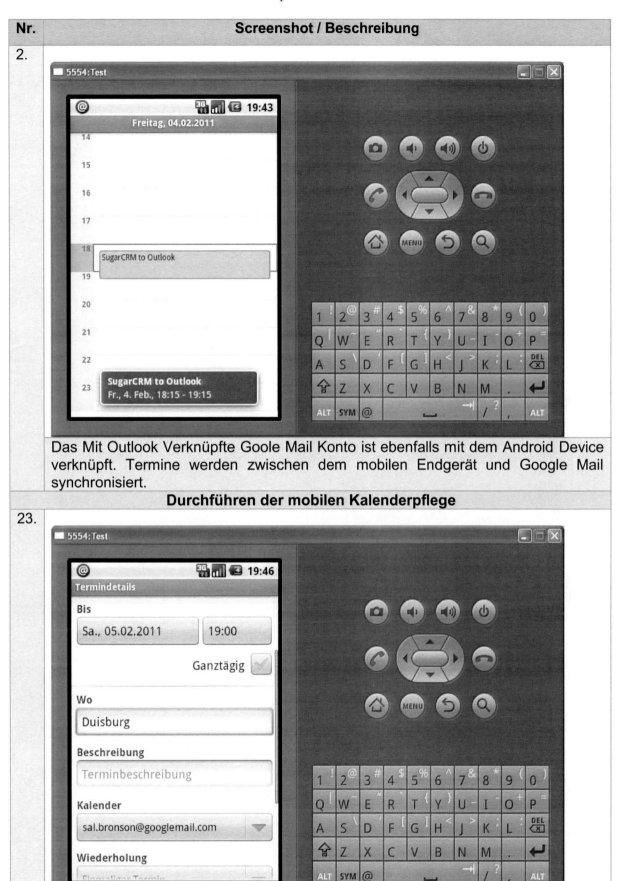
	Das Mit Outlook Verknüpfte Goole Mail Konto ist ebenfalls mit dem Android Device verknüpft. Termine werden zwischen dem mobilen Endgerät und Google Mail synchronisiert.

Durchführen der mobilen Kalenderpflege

23.	
	Eintragen eines Termins auf dem Android.

Nr.	Screenshot / Beschreibung
24.	 Der Termin wurde mit Google Mail synchronisiert.
25.	Google Calendar Sync hat den erstellten Termin mit Outlook synchronisiert.
26.	Das Sugar Plug-in für Outlook hat den Termin nun ebenfalls mit SugarCRM synchronisiert. Der Termin ist nun im CRM System eingetragen.

2 SugarCRM Editionen

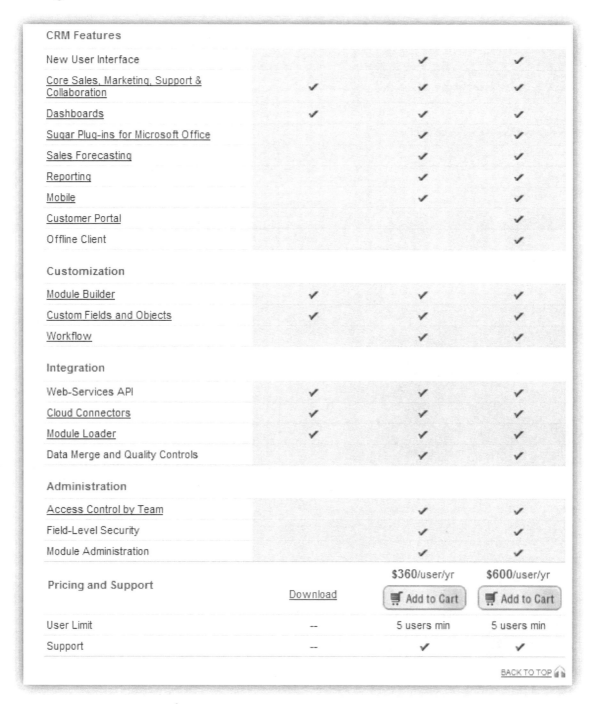

Abbildung 1 Sugar Editions[3]

---

[3] SugarCRM (2011 a)

3 Screenshots

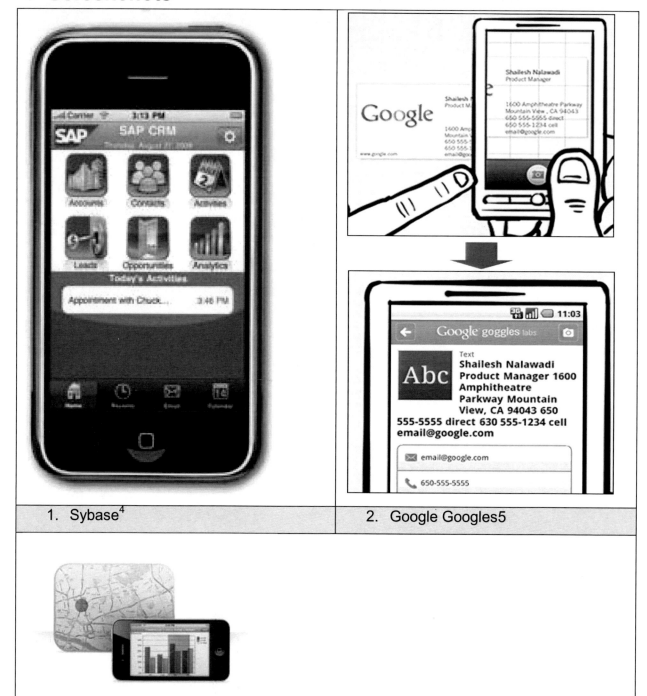

1. Sybase[4]	2. Google Googles5

3. QlikView[6]

---

[4] Entnommen aus. Sybase (2011)
[5] Entnommen aus Google (2011 a)
[6] Entnommen aus QlikTech (2011)

Kapitel **3**. Screenshots

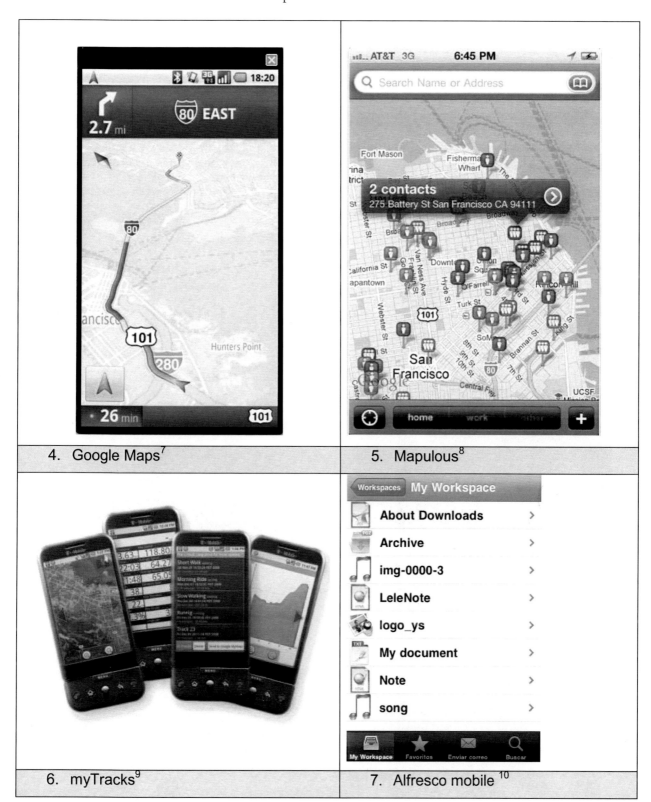

4. Google Maps[7]	5. Mapulous[8]
6. myTracks[9]	7. Alfresco mobile [10]

---

[7] Entnommen aus Google 2011 (b)
[8] Entnommen aus Mapulous (2011)
[9] Entnommen aus myTracks (2011)
[10] Entnommen aus AlfrescoMobile (2011)

Kapitel **3**. Screenshots

8. Teamviewer[11]

9. Facebook Angebote[12]

10. Edeka[13]

11. Netto[14]

---

[11] Entnommen aus Teamviewer 2011
[12] Entnommen aus facebookmarketing (2011)
[13] Entnommen aus Edeka (2011)
[14] Entnommen aus Netto (2011 a)